DAVID GRECO

SANADOS
para
CONQUISTAR

Con mucho cariño a mi querido amigo / hermano y profesor David Brandon.

GRUPO NELSON
Una división de Thomas Nelson Publishers
Desde 1798

NASHVILLE   DALLAS   MÉXICO DF.   RÍO DE JANEIRO   BEIJING

Tipografía: *Grupo Nivel Uno, Inc.*

ISBN-10: 1-60255-003-4
ISBN-13: 978-1-60255-003-2

Impreso en Estados Unidos de América

2ª Impresión

Índice

DEDICATORIA

‹‹‹‹·›››

Este libro está dedicado a la memoria de mi hermano Rubén.

Él ha conquistado su herencia.
Rubén está en la presencia del Rey Jesús,
contemplando su rostro y oyendo su dulce voz.

Desde sus primeros pasos como mi hermanito hasta
sus últimos momentos, Rubén vivió conquistando.
El 24 de mayo de 2006 fue su día de triunfo glorioso.

Rubén, te entregaste al Reino de Dios con todas tus fuerzas, sin reservas.
Pronto estaré a tu lado y juntos veremos a Jesús,
la conquista final de los herederos del Reino.

INTRODUCCIÓN

———⁂———

Usaré pocas palabras para presentar el tema que desarrollaré en las páginas de este libro. Mi deseo es que en esta breve introducción, usted capte el propósito que contiene esta publicación.

El título de esta obra es *Sanados para conquistar*. Es obvio que hablaré acerca de la sanidad del corazón y de la conquista de todas las promesas que Dios declara en la Biblia como nuestras.

Dios desea y necesita sanar su corazón herido porque usted es su heredero, dueño de un tesoro de bendiciones tan maravillosas, que no alcanzaría suficiente papel ni tinta para describir lo que Él ha preparado para cada uno sus hijos e hijas.

El propósito de su sanidad no es solamente quitar el dolor de los corazones heridos sino, además, afectarnos tan poderosamente con la verdad de su Palabra, que seamos transformados en conquistadores de todas sus gloriosas promesas.

¿Puede entender eso? De lo contrario, no podremos ver las promesas de Dios cumplidas en nuestras vidas, mientras nuestro tiempo es consumido y controlado por las heridas del pasado. Vivir con heridas no sanadas, con ligaduras, no nos permitirá ver más allá de nuestro dolor. En esa condición, seremos incapaces de ver (creer) que Jesús venció para darnos una herencia gloriosa y que nos pertenece porque somos hijos e hijas del Padre celestial.

Para comenzar, quiero expresar lo que dice Dios en su Palabra:

2 Corintios 1.20.

> «Porque *todas* las promesas de Dios son en él Sí, y en él Amén, por medio de nosotros, para la gloria de Dios».

También Dios dice:

1 Corintios 3.21-23.

> «Así que, ninguno se gloríe en los hombres; porque *todo* es vuestro: sea Pablo, sea Apolos, sea Cefas, sea el mundo, sea la vida, sea la muerte, sea lo presente, sea lo por venir, todo es vuestro, y vosotros de Cristo, y Cristo de Dios».

En simples términos, Dios nos asegura que:

1. Ninguna promesa será negada. Cuando sus hijos reclamen una promesa, Él la aprobará con un rotundo ¡Sí!

2. Toda promesa será ejecutada con una orden de Jesús desde el cielo: ¡AMÉN!

3. Las promesas de Dios incluyen TODO... sea el mundo, sea la vida, sea la muerte, sea lo presente, sea lo futuro... ¡Hay promesas para todo!

4. Todo es nuestro... Dios nos promete que podemos poseer y conquistar absolutamente todo, sin límites.

5. Él ha declarado que podemos poseer todo lo que Cristo consumó, porque somos y estamos en Él.

6. Desea que todas sus promesas se cumplan «por medio de nosotros». Él se complace cuando el mundo ve cómo sus hijos viven felices y triunfantes, manifestando a un Dios Padre que nos ha hecho herederos de «TODO».

7. Finalmente, Él es honrado y glorificado cuando el «TODO» de sus promesas se cumplen en sus hijas e hijos.

Siempre recuerde esto: Cuando Dios dice ***todo***, significa que Dios ***absolutamente abarca todo.*** Y cuando Dios dice que «***todas***» sus promesas son Sí y Amén, no excluye algunas… pues *¡**todas sus promesas están incluidas!***

En este libro hablaré acerca de las heridas del corazón que Jesús desea sanar. En el libro *Corazones sanados*, describí los seis tipos de heridas que Jesús sufrió en su pasión y crucifixión. En el Antiguo Testamento, el profeta Isaías establece un principio:

Veamos Isaías 53.4.

> «Ciertamente llevó él nuestras enfermedades, y sufrió nuestros dolores; y nosotros le tuvimos por azotado, por herido de Dios y abatido».

Jesús sufrió nuestros dolores y llevó nuestras enfermedades. Ese sufrimiento no fue simbólico, sino real. Y cada herida que Jesús sufrió, representa una herida que sufrimos en nuestra vida:

1. *Él fue herido en su frente con una corona de espina…* La frente herida representa la herida del rechazo.

2. *Su rostro fue desfigurado…* El rostro herido representa una máscara que esconde una gran deshonra.

3. *Sus manos fueron traspasadas…* Las manos heridas representan la inseguridad que nos impide edificar en la vida.

4. *Sus pies fueron traspasados…* Los pies heridos representan el temor que no nos permite progresar en la vida.

5. *Sus espaldas fueron azotadas…* Las espaldas heridas representan la humillación y el desprecio que destruyen las fuerzas.

6. *Su costado fue traspasado...* La herida del corazón representa la desesperanza, el golpe final que lleva a la desesperación y a la rendición.

¿Cómo vamos a conquistar todo lo que Dios nos ha prometido, cuando nuestras vidas estén paralizadas por el temor, la hipocresía, la inseguridad, el desprecio, la humillación y la desesperanza? El Señor que sufrió todas esas heridas le ofrece sanidad para que ya no consuma su tiempo y su fuerza sufriendo, cuidando sus llagas, escondiéndose detrás de una máscara.

El Señor Jesús le ofrece sanidad para que todo lo que el Padre celestial prometió... TODO... sea el mundo, sea la vida, sea la muerte, sea lo presente, sea lo porvenir... TODO sea suyo para su gloria y honra.

CAPÍTULO I

LIBRES PARA CONQUISTAR

Después de cuatrocientos años de esclavitud, dos millones de israelitas salieron de Egipto porque Jehová, el Dios que se le apareció a Moisés en el monte Sinaí, cumplió su promesa. Con milagros y maravillas, el Dios de Israel, el Todopoderoso, detuvo al imperio más imponente de la tierra; no pudiendo evitar Faraón que el pueblo hebreo saliera de Egipto cargado de riquezas despojadas de sus súbditos.

A pesar de esa gran victoria, los israelitas no alcanzaron a comprender el propósito de su liberación. Cansados por soportar tantos años bajo el látigo de sus capataces egipcios, sólo buscaban un objetivo, el de «ser libres»; ignorando que esa intervención divina significaría mucho más que la libertad de su esclavitud... Pues los convertiría en los conquistadores de la tierra de Canaán, territorio prometido al patriarca Abraham, a su hijo Isaac, a su nieto Jacob y a toda su descendencia.

Y en Éxodo, Dios nos explica por qué los deseaba liberar:

1. Liberaría a Israel de las pesadas tareas de Egipto.
2. Libraría a Israel de la servidumbre, de la esclavitud.

3. Redimiría a Israel con brazo extendido, con grandes juicios, maravillas y milagros.

4. Convertiría a Israel en el pueblo de Dios y Él, Jehová, sería su Dios.

5. Israel recibiría la tierra prometida a Abraham como heredad.

Y Moisés, el líder escogido para sacar a los israelitas de la esclavitud, es quien nos relata en el libro de Éxodo cómo Dios cumplió las primeras tres promesas: «Con prodigios y maravillas, con plagas y milagros en la naturaleza, Dios los sacó de Egipto, atravesando por tierra seca, como por un camino abierto en el mismo Mar Rojo, las inminentes aguas... contemplaron así la victoria de Jehová sobre su pueblo con la destrucción del ejército de Faraón». La libertad había llegado, ya no más cautiverio... y la felicidad los embargó de tal manera que Moisés y su hermana Miriam cantaron delante de todo el pueblo de Israel «el cántico de Moisés».

Pero a pesar de esa liberación y del festejo por el gran milagro... envuelto como en un manto de oscuridad, el espíritu de ese pueblo fue contaminado por la murmuración, las quejas, la incredulidad, la rebeldía y el pecado; motivado por su descontento ante las incomodidades, por las posiciones de liderazgo y por la imposibilidad del viaje...

¡Qué rápido desapareció la alegría y se olvidó la fidelidad de Dios! Y a pocas semanas de llegar a la tierra prometida tuvieron temor, les pareció casi imposible tomarla porque la gente que la habitaba era gigante. No creyeron que Jehová Dios los podía vencer; y el temor, la desconfianza y el desánimo los descalificaron para poseer una tierra de conquistadores. Por esa actitud Dios permitió que permanecieran en el desierto por cuarenta años, dando vueltas, atravesando territorios solitarios; en camino a una conquista que debía haberles tomado de tres a cuatro semanas.

¿Por qué sucedió eso? Porque aun cuando estaban libres no entendían el propósito de su libertad.

LIBRES CON MENTALIDAD
DE ESCLAVOS

¿Cómo es la mentalidad de esclavo?

1. El esclavo vive día a día. No piensa en el mañana porque su único deseo es sobrevivir hoy. No puede pensar en el futuro porque necesita usar todas sus fuerzas para sobrevivir cada día.

2. El esclavo no establece su realidad, su ambiente. (Faraón determinaba cómo viviría, cómo pensaría y cómo actuaría el esclavo. Faraón determinaba lo aceptable y lo no aceptable. Por ejemplo: los esclavos israelitas comían pescados con cebollas y melón «de balde» decía Faraón. «De balde» significa: *gratis*, es decir, los esclavos creían que estaban comiendo gratis, pero la realidad era que estaban pagando con el sacrificio de sus vidas por esa comida.)

3. El esclavo no tenía voz, no se podía quejar, no tenía derechos porque si lo hacía era golpeado, maltratado y herido.

4. El esclavo no tenía esperanza, estaba resignado a vivir en esclavitud el resto de su vida.

5. Los esclavos israelitas no veían a Dios como a su Padre, sino como a un Dios enojado, dictador y exigente. No conocían el amor del Padre Dios, pues lo veían como a un capataz.

6. Los israelitas solamente esperaban un milagro de liberación.

¿Puede identificarse con algunas de estas características en su vida?

1. ¿Vive usted de crédito en crédito, de préstamo en préstamo? ¿Vive gastando todo lo que gana sin almacenar para el futuro?

2. ¿Quién o qué determina si usted es feliz, si está teniendo éxito en su vida?

3. ¿Vive usted en una situación en la que no puede expresar sus opiniones por miedo a que alguien lo hiera o rechace?

4. ¿Cree usted que su vida no cambiará y que su destino ya está determinado por la sociedad o por la situación familiar o espiritual?

5. ¿Tiene usted una relación sincera, amorosa, íntima y dulce con su Padre celestial?

6. ¿Es su petición constante que Dios lo libere de alguna atadura, de alguna situación opresiva?

Si ha respondido afirmativamente a algunas de estas preguntas, todavía existe en usted una mentalidad de esclavo.

Durante los cuarenta años que vagaron por el desierto, siendo libres, convivieron con una mentalidad limitada. Cuando vivían en esclavitud no se les permitía hablar, debían enmudecer; y estando en libertad, cuando lo hacían se quejaban y murmuraban. ¡Eran libres con actitudes de niños! ¡Eran libres pero inmaduros espirituales!

¿Cómo es la mentalidad de los inmaduros?

1. Los israelitas estaban libres pero carentes de visión y de propósito. Se quejaban cuando no recibían su sustento diario (comida y bebida), y aun cuando vieron maná caer del cielo, se preguntaron... ¿Qué es eso?

2. Cuando del maná, la provisión del cielo, se cansaron y quejaron, Dios en su misericordia les suplió con codornices para que comieran carne. Pero aun así, saciados, se quejaron porque añoraban los pepinos y los melones de Egipto (la comida de Faraón) cuando eran alimentados con la provisión del cielo.

3. Siempre recordaban el pasado en Egipto. No podían pensar en el futuro, en la tierra prometida. Cuando aparecían las dificultades, querían volver con Faraón.

4. Los israelitas esperaban que Dios interviniera y supliera. Cuando Dios quiso hablarles en el Sinaí, ellos no quisieron oírlo y eligieron a Moisés como mediador.

5. Los israelitas ya no eran mudos aunque estaban sordos. No querían oír la voz de Dios.

6. Los israelitas se rebelaban constantemente contra las autoridades que Dios les puso porque estaban acostumbrados al látigo de los egipcios, no a un líder manso como Moisés.

La esclavitud se apodera de todos sus derechos y lo trasforma en un mendigo

¿Puede identificarse con algunas de estas características?

1. ¿Cree que Jesús salvó su vida simplemente para que se escapara del infierno y llegara al cielo?

2. ¿Se conforma usted con ser creyente, ir a la iglesia, sobrevivir diariamente porque su único deseo es ser salvo?

3. ¿Son sus oraciones constantes súplicas por el sustento diario?

4. ¿Hay insatisfacción en su corazón porque siente que Dios no le ha suplido suficientemente?

5. ¿Espera usted que Dios lo haga todo en su vida sin su participación? ¿Es su oración: «Señor, hazlo tú…», «Señor, cuando tú quieras, como tú quieras, donde tú quieras», «Señor, cambia la situación…», o le pide que le cambie a usted?

6. ¿Es su tiempo de oración un monólogo en el que se pasa explicándole a Dios todos sus problemas, sus sentimientos y hasta le sugiere cómo intervenir en su vida?

7. ¿Se siente incómodo cuando alguien habla de un Dios de amor y de gracia?

8. ¿Se siente más cómodo cuando oye hablar de un Dios de demandas, de dureza y de autoridad?

Si ha respondido a algunas de estas preguntas afirmativamente, todavía quedan en usted características de inmadurez espiritual.

Evidentemente los cuatrocientos años en Egipto produjeron en el pueblo escogido una mentalidad de esclavitud; porque a pesar de los cuarenta años en el desierto, no daban fruto de justicia sino que eran inmaduros. ¿Dónde se ubica usted? Hablamos del pueblo de Dios, ellos eran los hijos de Abraham.

¿Sabe? Usted también puede pertenecer a una iglesia, ser un hijo de Dios salvo por la sangre de Jesucristo, y ocurrirle lo mismo que a ese pueblo; todavía puede tener una mentalidad de esclavo y no ser maduro; en otras palabras, vivir un cristianismo sin dirección ni propósito de conquista.

Finalmente después de cuarenta años, una nueva generación de israelitas llega a la tierra por heredad. Y Moisés, su líder tartamudo, no puede entrar. ¡Qué curioso! El pueblo de inmaduros fue liderado por un tartamudo. Por más que fue un hombre que conoció a Dios, cara a cara, siempre estaba inseguro de que Dios iba con él. Nunca se convenció de la autoridad y la gracia que había recibido. Se consideraba incircunciso de labios (no apto para ser la voz de Dios al pueblo). ¿Recuerda lo que ocurrió al entrar a la tierra de Canaán? Él era un hombre muy manso, pero por causa de la ingratitud de la gente se airó delante de Jehová y de todo el pueblo. En vez de hablarle, golpeó la roca con la vara. Su desobediencia le quitó la oportunidad de entrar al lugar de la promesa, porque esa actitud ofendió la santidad de Dios al no honrar las instrucciones divinas.

Ahora Josué es el líder. Un hombre estable emocionalmente. Que recibe un mandato: «Esfuérzate y sé valiente: porque tú repartirás a este pueblo por heredad la tierra de la cual juré a sus padres que la daría a ellos» (Josué 1.6).

Josué ve a Dios como a *un Padre que está entregando su herencia a sus hijos*. Sabe que es hijo y no esclavo. No hay en él actitudes impropias, inmaduras. Josué está listo. Él sabe que donde pone la planta de sus pies, esa es su heredad. No depende de alguna confirmación o súplica. Sabe que está listo para conquistar.

Muchas veces cuando tenemos desafíos por delante esperamos confirmaciones de Dios para tomar decisiones. Y oramos así: «Señor, si tú quieres, como tú quieras, cuando tú quieras». Josué no oró así, sino que dijo: «Señor, todo lo que pise la planta de mis pies, se transformará en tu heredad para mí». Esa es la mentalidad de los maduros, de los que están decididos, y confiesan: «Señor, yo entro… ¡Entra tú conmigo!»

En el libro de Josué los líderes no oran para pedir la bendición de Dios, no claman por liberación ni piden sustento. Oran para recibir instrucciones para la conquista.

En este libro sólo una vez se menciona a Egipto. Porque estos líderes hablan de cómo repartirán la tierra… razón por la cual todos los milagros son prodigios para la conquista.

Porque en el desierto los milagros son para el sustento y la supervivencia de Israel, pero en la tierra prometida las maravillas de Dios son para impulsarlos hacia la conquista de su heredad. Por eso Dios abre el río Jordán; los muros de Jericó caen y el sol se detiene, para que Josué termine de destruir a los ejércitos del enemigo.

Pero… vamos a detenernos un poco antes de entrar a la conquista. Cuando Josué entró a la tierra de Canaán, la Biblia dice que todos los reyes amorreos y cananeos perdieron las fuerzas para pelear contra Israel. La derrota de las naciones de Canaán, por la rendición de los reyes y soldados ante el poder del Dios de Israel, colocó a los israelitas en una posición ideal para poseer. Con los enemigos vencidos… la tierra estaba lista para ser conquistada. Aunque su conquista no sería tan fácil por sus muros altos y fuertes; sin embargo, Josué no dudó ni temió porque confiaba en la promesa hecha por Dios de entregársela.

Es destacable la actitud de este nuevo líder, pues su confianza en Jehová fortaleció su fe para creer que ¡Dios posee el lugar donde él pone la planta de sus pies porque la conquista ya estaba declarada!

EL CONQUISTADOR DEBE ESTAR SANO PARA NO SER CONQUISTADO

Delante de Jericó, ante la primera conquista, Dios detiene la avanzada:

«En aquel tiempo Jehová dijo a Josué: Hazte cuchillos afilados, y vuelve a circuncidar la segunda vez a los hijos de Israel» (Josué 5.2).

Cuando todo estaba listo para la posesión, mirando la primera conquista, Dios ordenó que todos los varones que nacieran en el desierto fueran circuncidados. Lo habían sido todos los que salieron de Egipto, pero esta segunda generación se había olvidado de hacerlo a sus hijos.

Aunque esta nueva generación nació en el desierto y no había experimentado la esclavitud, debía pasar también por la circuncisión. Eran libres, bendecidos, hijos de Dios, pero no sabían hacia dónde iban. ¡Eran un pueblo inmaduro!

El concepto de la circuncisión en la Biblia es muy claro. Primeramente era una señal de pacto entre Dios y su pueblo. Segundo era una señal de pureza, pues se cortaba el prepucio del varón; símbolo de un área en el varón donde puede acumularse impureza, infección que produciría esterilidad.

Por eso la Biblia habla de:

* Labios incircuncisos
* Oídos incircuncisos
* Corazones incircuncisos
* Frutos incircuncisos

Labios incircuncisos

Esta circuncisión simboliza la transformación de labios impuros a puros. Este es el cambio de una persona que consagra y santifica sus labios, sus palabras y solamente habla lo que complace a Dios. Nosotros como creyentes en Cristo debemos siempre preguntarnos si nuestro vocabulario glorifica a Dios. Porque si todavía estamos preocupados por saber si esta palabra o aquella son pecado o no, aún somos inmaduros. Quien ha alcanzado la madurez no hace ese tipo de cuestionamiento, solamente se pregunta si sus palabras glorifican y honran a Dios.

¿Recuerda al profeta Isaías? Al contemplar la santidad y pureza de Dios en su trono, rápidamente llegó a la conclusión de que era un hombre con labios inmundos; al oír la alabanza santa y pura de los ángeles que declaraban la santidad de Dios. Y convencido admitió y confesó que sus labios «necesitaban ser purificados».

Oídos incircuncisos

Jeremías 6.10 dice:

> «¿A quién hablaré y amonestaré, para que oigan? He aquí que sus oídos son incircuncisos, y no pueden escuchar; he aquí que la palabra de Jehová les es cosa vergonzosa, no la aman».

Los oídos incircuncisos no pueden oír la voz de Dios porque los cerraron «para no oír»; y esto ocurre cuando nuestras vidas no están dedicadas al Señor.

Son oídos impuros que temen y respetan la palabra de Dios, pero no la aman. Estos oídos no aceptan la verdad de Dios porque para ellos es amarga, y no miel a sus labios. El vivir bajo sus parámetros les cerró su entendimiento, y los endureció de tal manera la desobediencia que sus oídos fueron cerrados a la revelación de la voluntad perfecta.

Corazones incircuncisos

Hechos 7.51 dice:

> «¡Duros de cerviz, e incircuncisos de corazón y de oídos! Vosotros resistís siempre al Espíritu Santo; como vuestros padres, así también vosotros».

Esteban declara estas palabras a los judíos religiosos que creían que estaban complaciendo a Dios cumpliendo con los ritos y tradiciones del judaísmo. El ocuparse en agradar a Dios con los rituales externos los condujo a resistir al Espíritu Santo.

Así fueron los errantes en el desierto, pues no oyeron (creyeron) la voz de Dios que les prometía la victoria. Ante cualquier circunstancia incómoda o que demandara fe, respondían con la misma respuesta: «¿Por qué dejamos Egipto?»

Cedieron ante el enemigo de la duda y desecharon el poder de la fe, obteniendo como consecuencia un peregrinar en el desierto por cuarenta años; muriendo toda una primera generación con bendición y promesa sin lograr a llegar a ver y poseer la tierra por heredad.

Deuteronomio 30.6 afirma:

«Y circuncidará Jehová tu Dios tu corazón, y el corazón de tu descendencia, para que ames a Jehová tu Dios con todo tu corazón y con toda tu alma, a fin de que vivas».

El corazón incircunciso obedece a Dios por temor al castigo, por temor a no cumplir con los requisitos de las tradiciones y dogmas. En cambio, el corazón circuncidado obedece a Dios porque lo ama con todo su ser.

El corazón impuro obedece porque teme a las consecuencias. El puro, en cambio, obedece porque no quiere ofender el corazón del Padre amoroso. Es el corazón puro el que desea complacer a Dios para oír las mismas palabras que el Padre declaró sobre Jesús en el Jordán: «*Tú eres mi hijo amado, me das contentamiento*».

Nunca olvide que nuestras evidencias externas manifiestan la realidad de nuestro interior.

Frutos incircuncisos

Levíticos 19.23-24 declara:

«Y cuando entréis en la tierra, y plantéis toda clase de árboles frutales, consideraréis como incircunciso lo primero de su fruto; tres años os será incircunciso; su fruto no se comerá. Y el cuarto año todo su fruto será consagrado en alabanzas a Jehová».

En la tierra prometida, Dios estableció que no se debían comer los frutos de los árboles nuevos; porque durante los primeros tres años eran considerados incircuncisos, no aptos. Solamente al cuarto año los frutos debían ser consagrados en alabanzas a Jehová. ¡No todo lo bueno es puro para Dios! Solamente lo que está totalmente consagrado para que sea exclusivamente para alabanza y gloria a Dios es purificado y circuncidado.

No todo fruto hermoso por fuera, está maduro por dentro

Dios ordena la circuncisión antes de la conquista porque no se puede conquistar sin cortar primero de nuestras vidas la impureza de corazón, de labios, de oídos y de frutos.

Yo quiero que usted trate en estos momentos de imaginarse este cuadro tan curioso: En el campamento de Israel había más de seiscientos mil varones, todos guerreros, acampados en un valle; mirando la hermosura de la tierra prometida. Teniendo delante de ellos a Jericó, su primera conquista.

Estaban muy confiados porque unos días antes habían visto cómo Dios, milagrosamente, había dividido las aguas del río Jordán y pudieron cruzar en seco. No había duda de que Jehová era su divino y poderoso respaldo. La circuncisión había sido sobre todos los varones de Israel, razón por la cual quedaron paralizados por el dolor de varios días (cuando un niño recién nacido es circuncidado, llora por unos minutos y se calma, pero cuando es un varón adulto, el dolor es tan intenso que por varios días apenas puede caminar). Imagínese qué reacción tuvieron los que estaban en los muros de Jericó al ver cómo todos los varones de guerra estaban paralizados»

Es que Dios no permitió que Israel avanzara en la conquista hasta que no fueran sanados, y usted seguramente se preguntará: ¿De qué fueron sanados en Gilgal, en el lugar de la circuncisión?

Veamos Josué 5.9:

«Y Jehová dijo a Josué: Hoy he quitado de vosotros el oprobio de Egipto; por lo cual el nombre de aquel lugar fue llamado Gilgal, hasta hoy».

La palabra «oprobio» significa: *vergüenza, burla, desgracia*. Aunque la generación que entró a la tierra prometida nunca había estado en Egipto, tenían en sus corazones, en sus mentes, en sus labios y en sus acciones la mentalidad de esclavos, de inmaduros. ¡No estaban listos para la conquista!

Dios circuncidó sus labios para que no hablaran acerca de los sufrimientos y heridas que experimentaron en Egipto. Es decir, Dios no permitió que entraran a la conquista hasta que las memorias, el lenguaje y las acciones de la esclavitud fueran cortados de ellos.

Dios circuncidó sus oídos para que no oyeran a los enemigos, a los que murmuraban dentro del campamento; para que no atendiesen a las voces de la rebeldía, sino que Dios les dio oídos para que recibieran instrucciones de conquista, sin temor a la derrota.

Dios circuncidó sus corazones para que no le obedecieran por temor sino por amor.

Dios circuncidó sus mentes para que consagraran todos los frutos de la tierra a fin de que fueran alabanza y gloria a Dios.

«Y cuando acabaron de circuncidar a toda la gente, se quedaron en el mismo lugar en el campamento, hasta que sanaron» (Josué 5.8). ¡Se quedaron en Gilgal hasta que sanaron! En el hebreo, «Gilgal» significa: *rueda, círculo*. ¡Qué significativo!

Hasta que no sanaron se quedaron en un círculo. Porque los que dan vueltas en círculo no progresan, no avanzan, se quedan siempre en el mismo lugar. ¡Hasta que no sanaron Dios no permitió que se movieran!

LA SANIDAD PRODUCE MADUREZ Y LO PREPARA A UNO PARA LA CONQUISTA

¿Puede usted identificarse con algunas de estas características?

1. ¿Obedece a Dios porque teme a las consecuencias? ¿Se preocupa constantemente si sus acciones desagradan a Dios? ¿Ve usted a Dios continuamente evaluando sus acciones? ¿Cree que Dios castiga a sus hijos? ¿Cree que debe esforzarse para merecer al favor de Dios? ¿Cree que puede santificarse usted mismo?

2. ¿Le deleita la palabra de Dios? ¿Es la Biblia dulce a su corazón o es una norma para vivir y cumplir con Dios? Cuando lee su Palabra, ¿piensa que algunas verdades son para otros?

3. ¿Es más importante obedecer los dogmas y las tradiciones cristianas que oír la voz del Espíritu Santo? ¿Oye usted la voz del Espíritu de Dios? ¿Oye cuando el Espíritu le dice que descanse u oye una voz que le dice que se esfuerce más? ¿Oye al Santo Espíritu cuando le está diciendo que hay más de lo que usted conoce y ha visto? ¿Juzga y rechaza a otros cuando no se comportan de la misma manera en la que usted está acostumbrado según su experiencia religiosa?

4. ¿Habla todavía del pasado, de sus experiencias dolorosas? Cuando recuerda esas experiencias, ¿se entristece o pierde el gozo y la paz? ¿Se enoja su corazón y siente vergüenza, dolor, ira por lo que le hicieron?

5. ¿Pasa mucho tiempo hablando y meditando en lo que está mal, en los errores de otros, en los problemas de otros? ¿Pasa muy poco tiempo hablando de lo que está bien; de lo que Dios está haciendo en su vida, en la vida de otros, en las naciones, en la iglesia en general? ¿Le es difícil tener compasión cuando alguien comete un error? ¿Tiene una actitud que fácilmente juzga con celo y pasión? ¿Pide misericordia o justicia a favor de los que fallan?

Si se identifica con algunas de estas características, estoy seguro de que en estos momentos usted está espiritualmente paralizado, dando vueltas en un círculo sin progreso y sin conquistas. Por más que tenga visión para conquistar y la esté visualizando de lejos, Dios no le permitirá avanzar hacia su cumplimiento hasta que sus labios, su corazón, sus oídos y sus acciones sean circuncidados de la mentalidad del mundo, de las experiencias del pasado, de la vergüenza y la condenación que han producido en su corazón.

El anhelo de Dios para Israel era darles esa tierra por heredad. Por eso los sanó, los preparó, para que la conquistaran y poseyeran para siempre.

Veamos entonces los propósitos de Dios para la conquista:

1. Dios deseaba tener comunión íntima con su pueblo en la tierra prometida.

Habitar en medio de ellos era su gran deseo, no porque lo merecieran, sino por su eterno amor y fidelidad a las promesas hechas a sus hijos. Quería manifestar su paternidad inigualable al pueblo por Él escogido, amado como su especial tesoro; de manera que todo en Él fuera suplido. Porque la relación cercana con sus hijos produciría el bienestar, la prosperidad y la victoria como señal al mundo de que Él era su único Dios y ellos su único pueblo.

Deuteronomio 7.6 dice:

> «Porque tú eres pueblo santo para Jehová tu Dios; Jehová tu Dios te ha escogido para serle un pueblo especial, más que todos los pueblos que están sobre la tierra».

Dios quiere y puede hacer feliz al hombre. Desde el principio se lo ha demostrado al darle un lugar de privilegio, autoridad y bendición como su hijo. En la comunión con Él, en la relación amorosa, es dónde alcanzamos a vivir la plenitud de su amor y la revelación de quiénes somos en Él.

La soberanía de Dios en la elección del pueblo de Israel nada tenía que ver por tratarse de ser numeroso, poderoso, ni por sus habilidades o talentos… «sino por cuanto Jehová os amó, y quiso guardar el juramento que juró a vuestros padres, os ha sacado Jehová con mano poderosa, y os ha rescatado de servidumbre, de la mano de Faraón rey de Egipto» (dice Deuteronomio 7.8).

«*Por cuanto Jehová os amó…*» es la razón que mueve al Todopoderoso, al Sublime, al Temible a manifestar su cercanía hacia un pueblo insignificante para otros, pero transformado en su posesión exclusiva. En el motivo de su fiel amor.

Canaán estaba preparada para ser poseída y habitada por Israel, tierra donde fluía leche y miel (abundancia y prosperidad); donde recibirían como herencia «ciudades y casas que no habían edificado, campos y árboles que no habían plantado». Era un regalo de Dios, perfecta ilustración de la gracia divina. Porque sólo la comunión con Dios desata todas las bendiciones.

La promesa era clara: «Dios habitaría entre ellos, lo honrarían y le obedecerían. Y de esa comunión, la tierra produciría tanto fruto que la leche y la miel correrían como ríos».

2. Dios deseaba que su pueblo habitara en paz y descanso.

La paz y el descanso se establecen dónde hay comunión con Dios.

La paz y el descanso se establecen cuando no hay temor, no hay acusación.

La paz y el descanso se establecen cuando no hay necesidad porque nada falta.

La paz y el descanso se establecen cuando hay seguridad; no hay peligro.

¡Esto es lo que Dios anhelaba que su pueblo experimentara en la tierra a heredar! Prometiéndoles que todos los enemigos serían arrojados de esa tierra, que todas las amenazas y los peligros desaparecerían, y que disfrutarían de la abundancia, de la lluvia en tierra fértil porque Él sería muro alrededor de su pueblo; estableciendo que la pestilencia, las enfermedades y las maldiciones de las naciones, no los afectaría.

3. Dios deseaba que su pueblo fuera un ejemplo a todas las naciones de la tierra.

La diferencia entre Israel y las otras naciones era única. Lo que hacía diferente a Israel de las demás naciones era su relación con Jehová, su Dios.

Éxodo 33.16 dice:

> «¿Y en qué se conocerá aquí que he hallado gracia en tus ojos, yo y tu pueblo, sino en que tú andes con nosotros, y que yo y tu pueblo seamos apartados de todos los pueblos que están sobre la faz de la tierra?»

Esta es la diferencia. Jehová Dios habitaba en medio de su tierra. Israel era el pueblo de la «presencia»; ellos temían a Dios y Dios mismo los gobernaba. Eran una nación que vivía bajo los mandatos y leyes del Altísimo. Porque Jehová deseaba establecer en todo el mundo, un testimonio vivo de lo que una nación bajo su gobierno podía en todas sus áreas, lograr. Dios mismo necesitaba levantar un ejemplo en Él a seguir; a través de hombres y mujeres separados para vivir para Jehová Dios.

DIOS EN NOSOTROS HACE
LA DIFERENCIA

Lector, en este primer capítulo quiero definir cuál es su conquista. Muchos le dirán que Dios quiere darle riquezas, recursos, favor, autoridad y tantas otras bendiciones. Todo eso es verdad. Su Padre celestial desea darle todas esas promesas y aun más.

Pero he escrito este libro para definirle claramente cuáles son las prioridades de la conquista, de la herencia que Dios le quiere dar:

1. Dios desea que usted lo conozca íntimamente como nunca lo ha conocido. Él desea revelarse a su vida en maneras que usted ni ha soñado. Desea que pueda declarar un día: «*Yo*

conozco a Dios y oigo su voz», «*Él me ama y me guía en todos mis caminos...*», «*Me revela sus secretos y no hay barreras entre nosotros*».

Además, desea que usted no dependa de que otros le muestren el camino, que los profetas le den «palabras». Sino que usted posea una herencia de intimidad y seguridad.

De esa manera, Dios le revelará planes de prosperidad para su futuro, estrategias de salvación para cada miembro de su familia; y propósitos que traerán cambios a su vida, a su familia, a su ciudad y hasta a su nación.

En la comunión íntima con Dios es que usted recibirá todas las instrucciones para conquistar «**todo**» lo que Dios le tiene preparado.

2. Dios desea que usted viva en paz y en descanso. Desea que camine sin temor, con confianza y fe; sin que nada le falte. Que la expresión del salmista se cumpla: «...En tu presencia hay plenitud de gozo; delicias a tu diestra para siempre» (Salmo 16.11).

    De esta manera, oportunidades de éxito, recursos y conquistas materiales vendrán a su vida. Y usted caminará en tan perfecta paz y gozo que muchos se acercarán para bendecirle, para prosperarle y se cumplirá la promesa de Jesús cuando dijo: «Pondré riquezas en tu regazo» (en Lucas 6.38).

3. Dios desea que usted sea un testimonio vivo de su poder y de su gracia. Y que la sociedad, sus familiares y amigos al verle puedan decir de usted: «Así se comporta un verdadero hijo de Dios». Que sus conocidos vean a Dios tan manifestado en su vida que sin palabras y sin presentaciones, deseen tener la misma relación con Dios que usted.

    De esa manera Dios lo llevará a lugares importantes, delante de personas de mucha influencia para que vean a un hijo, a una hija de Dios que camina y vive bajo la total bendición de Dios.

¿Lo desea usted?, Dios lo desea. Esa es su tierra prometida. Esas son las promesas que Dios está listo para cumplir en su vida.

Pero en este momento… ¡Dios lo detiene! ¡No puede avanzar… necesita ser sanado! Necesita circuncidar su vida de las heridas del pasado que no le permiten progresar.

En el próximo capítulo hablaré acerca de las heridas y cómo ellas son un gran obstáculo para conquistar lo que Dios tiene preparado para usted.

Capítulo 2

LAS HERIDAS DEL CRUCIFICADO

━━━━◦✑◦━━━━

Quiero hablarle de una verdad explosiva que está en la Biblia acerca de Jesucristo. El profeta Isaías la declara así:

«Despreciado y desechado entre los hombres, varón de dolores, experimentado en quebranto; y como que escondimos de él el rostro, fue menospreciado, y no lo estimamos» (Isaías 53.3).

«Ciertamente llevó él nuestras enfermedades, y sufrió nuestros dolores; y nosotros le tuvimos por azotado, por herido de Dios y abatido» (Isaías 53.4).

«Mas él herido fue por nuestras rebeliones, molido por nuestros pecados; el castigo de nuestra paz sobre él, y por su llaga fuimos nosotros curados» (Isaías 53.5).

Él llevó nuestras enfermedades.

Estas palabras expresan la idea de Jesús «levantando algo pesado, transportando y transfiriendo» las enfermedades de nuestros cuerpos al suyo. ¡El peso de nuestro pecado fue sobre Él!

Y el profeta Isaías, describiendo lo que Cristo experimentó en la cruz, no menciona simplemente la palabra *enfermedad* como la ausencia de salud. Sino que expresa la idea de una «condición que causa dolor, tristeza, aflicción y pesar». Esto es parte de lo que su obra redentora conquistó por nosotros. ¡Él levantó literalmente todas nuestras enfermedades y las transfirió a su cuerpo!

JESÚS LEVANTÓ DE NUESTRO CUERPO LAS ENFERMEDADES QUE PRODUCEN AFLICCIÓN Y LAS COLOCÓ SOBRE SU CUERPO.

Sufrió nuestros dolores.

Ahora sabemos que Jesús *levantó* nuestras enfermedades tanto físicas como espirituales y las *transfirió* a su cuerpo, pero hay algo más… *experimentó **todos** los dolores que las mismas enfermedades producen.* Su cuerpo cargó y padeció literalmente el dolor de cada enfermedad en la humanidad. Fue sometido a sufrir por nosotros y a vencer a nuestro favor. Cargar nuestras enfermedades significa *estar debajo*, en otras palabras: «Fue aplastado por todos nuestros dolores».

JESÚS EXPERIMENTÓ LA AFLICCIÓN Y EL DOLOR QUE CAUSAN LAS ENFERMEDADES TRANSFERIDAS A SU CUERPO.

Fue herido por nuestras rebeliones.

La palabra que Isaías usa aquí significa: *profanado, contaminado, manchado.* El Santo y puro Hijo de Dios, sin pecado y falta, fue «contaminado y profanado» por nuestras rebeliones. En la Biblia, rebelión significa: «revolución».

¿Qué es una revolución? Una revolución sucede cuando un grupo no quiere someterse a la autoridad establecida provocando un enfrentamiento, para ubicarse en posición de autoridad.

El pecado de rebeldía contra la autoridad de Dios profanó la santidad en el hombre... contaminó su naturaleza pura y manchó su relación perfecta de hijo para con Dios; estableciendo irremediablemente la muerte en nuestras vidas. La actitud de rebeldía, que comúnmente se describe como «el pecado original», destruyó de tal manera la relación perfecta que existía entre Dios y el hombre; que lo hizo descender de su lugar de santidad para vivir sometido, controlado, en una «naturaleza pecaminosa».

La negación al sometimiento divino despojó al hombre de su autoridad «como señor» para ser enseñoreado, subyugado, por el pecado.

JESÚS, EL PERFECTO HIJO DE DIOS SIN PECADO, FUE PROFANADO Y CONTAMINADO CON NUESTRA NATURALEZA PECAMINOSA.

Fue molido por nuestros pecados.

Él fue molido, destrozado por nuestras «perversidades y depravaciones». Esta palabra describe *algo que fue torcido, desfigurado de su estado original.*

¿Qué es una perversión? Es un comportamiento torcido. El ser humano ha tomado bendiciones que Dios nos ha dado y las ha torcido para su propio placer.

Un ejemplo claro de esto ocurre con la sexualidad del ser humano. Dios nos ha dado la bendición del matrimonio, y de la sexualidad dentro del mismo. Pero el hombre se ha salido de los parámetros del matrimonio y ha pervertido este principio en sexualidad libre, sin compromisos. Violando directamente un principio divino. Razón por la cual la primera institución divina, el matrimonio (un pacto entre un hombre y una mujer delante de Dios), está siendo «molido».

Otro ejemplo de perversión está visible en el liderazgo. Dios es quien ha establecido el propósito de las autoridades, no para infundir temor ni terror al que hace el bien. Sino para que los gobiernos y las autoridades infundan temor al que practica el mal (Romanos 13.3). Pero hoy vemos cómo en muchas sociedades los buenos son aterrorizados por sus autoridades y los malos viven en opulencia.

La perversidad ha desplazado los principios de Dios, de la vida del hombre. Y es a través de la historia que podemos notar cómo el hombre se ha enseñoreado en su lugar de mando, haciendo mal uso de su poderío militar o policial, «moliendo a los buenos» y exaltando a los perversos.

JESÚS FUE MOLIDO POR NUESTRAS PERVERSIONES.

Él fue azotado, herido y abatido por Dios.

Esta expresión del profeta Isaías es muy profunda. Por mano del pueblo judío, Jesús fue maltratado, injuriado y despreciado. Su cuerpo ensangrentado yacía en el madero, un panorama desgarrador. Nuestro Cristo azotado, herido y abatido sería para ellos la prueba suficiente de que el juicio divino estaba sobre Él por causa de algún pecado, rebelión o profanación a la ley. Se apoyaban en el falso testimonio de que «Jesús quería conspirar públicamente contra el templo de los judíos». Al parecer la opinión equivocada sobre Él, cada vez se fortalecía más. Según ellos... ¡Dios lo estaba hiriendo, castigando en la cruz por algún pecado personal!

Ahora preste atención a esto: «Aunque ellos pensaban incorrectamente, estaban diciendo la verdad». Dios lo estaba *azotando, hiriendo y abatiendo*. No, juzgando por algún pecado, rebelión o depravación; pero sí, Dios lo estaba quebrantando por las nuestras. *¡Jesús estaba cargando sobre Él el juicio por nuestro pecado, el dolor de nuestras enfermedades y el castigo por nuestras perversiones!*

Por eso Isaías dice:

> «Todos nosotros nos descarriamos como ovejas, cada cual se apartó por su camino; mas Jehová cargó en él el pecado de todos nosotros» (Isaías 53.6).

Finalmente Isaías concluye:

> «Con todo eso, Jehová quiso quebrantarlo, sujetándole a padecimiento. Cuando haya puesto su vida en expiación por el pecado, verá linaje, vivirá por largos días, y la voluntad de Jehová será en su mano prosperada» (Isaías 53.10).

La muerte de Jesús en la cruz, nuestra expiación por el pecado, las enfermedades, los dolores y las perversiones de la humanidad; es la más significativa demostración de amor de Dios por el hombre.

La ley de Dios ordenaba lo siguiente:

«Cuando alguna persona cometiere falta, y pecare por yerro en las cosas santas de Jehová, traerá por su culpa a Jehová un carnero sin defecto de los rebaños, conforme a tu estimación en siclos de plata del siclo del santuario, en ofrenda por el pecado» (Levítico 5.15).

La expiación era una ofrenda de un cordero sin defecto que debía morir en el lugar del que había cometido pecado con las cosas santas de Jehová. El concepto era simple: «el cordero, que era la expiación, no solamente tomaba el lugar del culpable sino que pagaba el precio del pecado con su muerte».

Jesús fue nuestra expiación, la ofrenda que tomó nuestro lugar. Y así como el cordero del Antiguo Testamento era sacrificado por los sacerdotes del tabernáculo, el Cordero de Dios, Jesús de Nazaret, fue dado en sacrificio por su propio Padre, en la cruz, para que cargara con todos nuestros pecados y pagara nuestra deuda con su muerte.

¡PIENSE EN ESTO! Los soldados romanos no hirieron el cuerpo de Jesucristo como lo hacían con los criminales. Quienes estaban insultando y rechazando a Jesús, estaban reaccionando de una manera muy diferente a cuando se trató de otros condenados a muerte.

¿Por qué? Porque en cada herida que Jesús sufrió en su cuerpo, experimentó el dolor de cada una de las heridas que nosotros sufrimos en la vida. Él es «experimentado en quebranto». ¡**Él sufrió todos nuestros dolores**!

El padecimiento de Cristo en la cruz, simboliza los seis tipos de heridas emocionales y naturales que padecemos en la vida:

CORONA DE ESPINAS: *Una herida en la frente.*

¡Jesús, es el Rey de Israel! Como cristianos creemos y sabemos que Jesús era y es «el Rey», «el Rey de reyes» y «el Rey de todas las naciones». Pero además, como Hijo del hombre, era descendiente del linaje de David, el rey de Israel; al igual que María y José, sus padres naturales, que también provenían de la casa de David.

El Nuevo Testamento comienza con estas palabras:

«Libro de la genealogía de Jesucristo, hijo de David, hijo de
Abraham» (Mateo 1.1).

Como vemos, Jesús provenía del linaje real, heredero al trono de
Israel. En cambio, Herodes, no pertenecía a la realeza. Él no era israe-
lita, era idumeo (descendiente de los edomitas, de Esaú, un hombre
que desechó la bendición de Dios). En otras palabras, Herodes no era
un rey legal. Por eso cuando llegaron los sabios del Oriente, ellos preguntaron:

«diciendo: ¿Dónde está el rey de los judíos, que ha nacido?
Porque su estrella hemos visto en el oriente, y venimos a
adorarle» (Mateo 2.2).

Imagínese la reacción de Herodes, el rey ilegal. La Biblia dice que
se turbó y convocó una reunión con todos los expertos religiosos para
saber dónde nacería «el Rey de los judíos». Este título provocó sospe-
chas y gran intranquilidad en Herodes dado que temía cualquier amenaza a su trono. Y cuando supo que el Rey Jesús nacería en Belén,
mandó a matar a todos los niños varones, menores de dos años.

Herodes sabía que había nacido el «verdadero Rey de Israel», en
Belén de Judea, la ciudad natal del rey David.

Imagínese ahora al gobernador Pilato al enterarse que este «Jesús»
estaba entrando a la ciudad de Jerusalén, y las multitudes lo aceptaban
como «el Bendito, el que viene en el nombre del Señor», «el Rey de
Israel». Pilato, como gobernador de Roma, debía mantener la paz y la
estabilidad de Israel (una nación conquistada y convertida en una pro-
vincia anexada al imperio de Roma, bajo el gobierno del rey Herodes).

Latente palpitaba entre ellos, la amenaza de que este otro «rey» cau-
sara una revolución, un enfrentamiento entre el imperio más poderoso
de la tierra e Israel; una nación subyugada. Pero este alzamiento no
podía suceder, pues sería rechazado porque los romanos no aceptarían
a otro rey, excepto a Herodes, elegido por ellos mismos.

«Jesús, pues, estaba en pie delante del gobernador; y éste le preguntó, diciendo: ¿Eres tú el Rey de los judíos? Y Jesús le dijo: Tú lo dices» (Mateo 27.11).

¿Por qué le preguntaron eso? Porque Jesús había entrado a Jerusalén, la ciudad del gran Rey, sobre un asno y permitió que una gran multitud, lo aclamara como el «Bendito, el que viene en el nombre del Señor», «el Rey de Israel».

Con aclamación de júbilo recibieron al Maestro, pero tiempo más tarde, toda esa aceptación se convertiría en odio y rechazo. Los días de gozo, festejo e impartición habían quedado atrás; el Hijo de Dios ahora estaba clavado en el madero y la muchedumbre pedía su muerte... Y los soldados romanos fueron los encargados de colocar en su frente, una corona de espinas.

«Y pusieron sobre su cabeza una corona tejida de espinas, y una caña en su mano derecha; e hincando la rodilla delante de él, le escarnecían, diciendo: ¡Salve, Rey de los judíos!» (Mateo 27.29).

«Y salió Jesús, llevando la corona de espinas y el manto de púrpura. Y Pilato les dijo: ¡He aquí el hombre!» (Juan 19.5).

Con burla y sarcasmo le estaban diciendo: «Si crees que eres Rey, aquí tienes tu corona, no de oro... de espinas», «Si crees que eres Rey, aquí tienes tu cetro, no de oro... una caña», «Si crees que eres Rey, aquí está tu manto de púrpura... para un simple hombre». El aspecto de Jesús, hinchado, molido y ensangrentado dio a Pilato la posibilidad de demostrar que Cristo no era quien proclamó ser; sino que sólo se trataba de un hombre singular.

En otras palabras le dijeron: «La única corona que mereces es la de espinas, corona de rechazo y dolor». Roma estaba repudiando al Señor, al verdadero Emperador y Dios del cielo; al único Salvador.

Pero el rechazo de los judíos fue distinto. Cuando Jesús fue llevado al Sanedrín, a la máxima autoridad religiosa del judaísmo, ante el sumo sacerdote; este cuestionó dos reclamos de Jesús. Primero si Jesús era el Mesías, el Hijo de Dios:

> «Mas Jesús callaba. Entonces el sumo sacerdote le dijo: Te conjuro por el Dios viviente, que nos digas si eres tú el Cristo, el Hijo de Dios» (Mateo 26.63).

Y en segundo lugar, el supremo líder religioso cuestionó las palabras proféticas que Jesús había declarado acerca de su muerte y resurrección:

> «Pero al fin vinieron dos testigos falsos, que dijeron: Este dijo: Puedo derribar el templo de Dios, y en tres días reedificarlo» (Mateo 26.60-61).

¡Ellos tergiversaron las palabras de Jesús! Esta enseñanza estaba relacionada con su propio cuerpo como «el templo» que sería derribado, pero que después de tres días iba a resucitar.

Los romanos rechazaron su autoridad, pero los judíos lo rechazaron como el Hijo de Dios, el Mesías, el Salvador. Rechazaron a Aquel que a través de su muerte y resurrección, les traería la reconciliación con Dios y el perdón de sus pecados.

LA CORONA DE ESPINAS: *Representa las heridas del rechazo*

Una persona con la **frente herida** significa que ha sido rechazada, no aceptada por su comunidad, por su familia, sus compañeros. Su herida en la frente manifiesta el rechazo de su personalidad, de sus talentos, de su apariencia, de sus planes y deseos. Es quien ha sufrido de otros el rechazo de su llamado, de su autoridad espiritual, de su ministerio; por sus líderes religiosos y aun por sus amigos. ¡Que no reconocen su destino en Dios!

> *Recuerdo en mis días escolares, cuando elegíamos a nuestros amiguitos para formar parte de los equipos de juegos, cómo a mí siempre me elegían porque yo era fuerte y hábil. Pero*

*también tengo muy presente a un amiguito de baja estatura
y flaco, que jamás lo elegían y cuando lo hacían; siempre era
el último en entrar al equipo.*

El rechazo se produce cuando alguien se queda en el último lugar,
cuando no es fácilmente reconocido...

...cuando alguien no es aceptado, cuando no es deseado.

...cuando alguien no encaja, porque es diferente a otros. Diferente por estatura, por el peso, el color de piel o simplemente el nombre.

...cuando alguien nos demuestra amor condicional. Cuántos aman a su prójimo si les conviene, si reciben algún beneficio. Y si no, lo rechazan.

A. Los rechazados terminan viviendo aislados porque no son aceptados

Esta es una de las características principales de los rechazados. Sienten que deben separarse de la comunidad porque temen ser objetados nuevamente. Son las personas que nunca están dispuestas, son reacios a entablar amistades y difíciles de encontrar.

En el mundo de la iglesia, he notado que las personas heridas por este mal, desarrollan una máscara de religiosidad y legalismo para que nadie se les acerque. Adoptando una apariencia tan piadosa, que nadie se les puede allegar. Están más allá de la normalidad, no se ríen mucho y les cuesta disfrutar del humor y la alegría.

Ese comportamiento produce confusión porque por causa del rechazo pierden su sentido de identidad y personalidad. Adoptando muchas veces la identidad de otros, que a su vez son también rechazados. Es que su alma se ha contaminado por este mal tan profundamente que ya no pueden expresarse ni abrir su corazón a nadie, ni aun a sus seres queridos.

B. Los rechazados pierden su identidad

Los rechazados adoptan formas, comportamientos y apariencias para refugiarse detrás de alguna identidad. Por ejemplo, cuando éramos jóvenes muchos de nosotros nos vestíamos según la moda. Era inconcebible vestirse diferentemente a lo que era aceptable. ¿Por qué lo hacíamos? Porque no queríamos ser rechazados; estar fuera de onda.

Por eso es que aquellos padres que son tan exigentes, tan dominantes, ignoran que están destruyendo la identidad en la vida de sus hijos. Son padres que están estableciendo esta verdad: «Si haces todo lo que yo te ordeno, te acepto», «Si no cumples con todos mis planes y deseos, serás rechazado». Estos niños nunca tendrán la oportunidad de crecer y de aprender a hacer sus propias decisiones, porque no tendrán una identidad clara cuando lleguen a ser adultos.

También existen aquellos padres que son indiferentes al cuidado y a la atención de sus hijos, sin establecer dirección para sus futuros. Desgraciadamente serán hijos que crecerán sintiéndose rechazados, con la marca que deja la carencia de amor: ¡No eres importante, no vales nada!

Por eso vemos en la calle a jóvenes y a adultos vestidos tan llamativamente con muchas joyas y extravagante maquillaje; pidiendo de esa manera, a gritos, que alguien les preste atención y los acepte. Razón por la que viven cambiando todo el tiempo de moda, de estilo y aun de color de cabello.

C. Los rechazados están airados

Veamos tres ejemplos:

> Caín se sintió rechazado cuando Dios no aceptó su ofrenda, porque había algo incorrecto en su corazón. Su rostro se ensañó contra Jehová, pero se desquitó contra su hermano Abel. Cegado por la ira, mató a su hermano convirtiéndose en el primer homicida de la historia de la humanidad.

> Esaú se sintió rechazado por su padre Isaac cuando le negó la bendición como primogénito. Llenándose de ira su corazón contra su hermano Jacob, que se había presentado en su lugar para arrebatarle ese derecho.

Saúl fue rechazado por Dios y por el profeta Samuel, y esto lo llenó de ira y sed de venganza. Y por catorce años persiguió a David para matarlo.

La gente más airada y la más enojada ha sufrido heridas de rechazo. Por el dolor que provoca el rechazo, se desquitan con alguien que generalmente es más débil y lo destruyen. El mismo rechazo produce que se enfaden y terminen rechazando a los seres más cercanos. Hoy, en muchas de nuestras naciones, estamos viendo cómo la violencia está aumentando en las calles. La mayoría de esos actos son cometidos por nuestros jóvenes, niños y niñas «rechazados» por sus familias, que se desquitan destruyendo vidas; buscando ser aceptados a través de la violencia y el crimen.

D. Los rechazados están inquietos

La persona herida por el rechazo siempre buscará ser aceptada; un lugar dónde ser valorizada y respetada. Por eso, las personas heridas van de un sitio a otro, de una iglesia a otra, de una relación a otra, de un matrimonio a otro.

«Jesús vino a los suyos y no le recibieron…» Él también probó el trago amargo que deja el rechazo. Cristo no sólo puede identificarse con cualquier sufrimiento nuestro, sino además, que ha padecido lo devastador que son las consecuencias de ser rechazado. En la soledad de su prueba, en su agonía en la cruz, también fue rechazado por su Padre por cargar todo el pecado del mundo sobre sí. Vivió una separación momentánea, pero eterna en su corazón. Cristo transfirió el dolor de nuestro rechazo para cargarlo sobre su frente a través de la corona de espinas.

El salmista declara proféticamente las palabras de Jesús en la cruz:

«Dios mío, Dios mío, ¿por qué me has desamparado? ¿Por qué estás tan lejos de mi salvación, y de las palabras de mi clamor?» (Salmo 22.1)

«Dios mío, clamo de día, y no respondes; y de noche, y no hay para mí reposo» (Salmo 22.2).

El Hijo de Dios, un hombre de carne y hueso, que mantuvo su relación con su Padre Dios en intensidad de amor, de entrega, respeto, fidelidad, obediencia y cercanía de corazón... aceptó transformarse en el «Cordero» que quitaría los pecados del mundo; en «el chivo expiatorio». Fue en la cruz, donde Él gritó en absoluta desesperación y soledad cuando su Padre tuvo que girar su rostro, porque todos nuestros pecados estaban sobre Él.

Y dice Isaías que: «fue despreciado y desechado entre los hombres, varón de dolores, experimentado en quebranto; y como que escondimos de él el rostro, fue menospreciado, y no lo estimamos». La muerte de Cristo fue una ofrenda por el pecado. ¡Él murió en nuestro lugar!

EL ROSTRO DESFIGURADO: *Una máscara que esconde vergüenza*

Isaías lo describe así:

«Como se asombraron de ti muchos, de tal manera fue desfigurado de los hombres su parecer, y su hermosura más que la de los hijos de los hombres» (Isaías 52.14).

«Di mi cuerpo a los heridores, y mis mejillas a los que me mesaban la barba; no escondí mi rostro de injurias y de esputos» (Isaías 50.6).

¿Recuerda? Jesús, luego de ser apresado durante la noche, fue llevado al Sanedrín para ser juzgado. Allí fue interrogado por Caifás, el sumo sacerdote judío. Al no responder las preguntas, los soldados lo golpearon en el rostro y estos mismos guardias del palacio se ocuparon de lastimarlo, burlándose de Él.

El rostro de Jesús fue desfigurado, sus mejillas fueron destrozadas porque su barba fue arrancada, y su cara cubierta de esputos (flemas arrojadas por sus bocas). Esto se les hacía a los condenados a muerte para avergonzarlos y humillarlos totalmente. ¡El rostro del Maestro quedó irreconocible!

¡Así se comportan los que están escondiendo una vergüenza en su vida! Porque han sido *heridos en el rostro* hasta quedar irreconocibles. Los heridos caminan con el rostro desfigurado, son aquellos que han creído en las mentiras, en las acusaciones falsas; afectando lo que verdaderamente son, sus valores y sus propias opiniones.

Los heridos en el rostro son aquellos que desde su niñez han sido marcados por voces que acentúan sus debilidades, sus fallas y sus carencias; logrando estas constantes acusaciones producir una vergüenza tan extrema, que los conduce a vivir con la cabeza inclinada, escondiendo su rostro para que nadie vea su debilidad, ni sepa de su vergüenza.

Los **heridos en el rostro** son aquellos que cuando eran niños perdieron la inocencia en un acto brutal y doloroso por alguien de confianza. Son quienes han sido usados para el placer y el gusto perverso de otros. Produciendo esa herida marcas de vergüenza y culpa profunda.

¿Cómo comienza una vergüenza en nuestras vidas? Generalmente la vergüenza nace después de un pecado, de una infracción a la ley de Dios, atrapados en un sentimiento de culpa. Esto lo he visto en las víctimas de abuso verbal, violencia física y ultrajes sexuales; que abrumados por la culpa, cubren por temor su vergüenza. La culpa produce un sentimiento de ruina, una vida desfigurada, marcada para siempre.

A. Los heridos en el rostro se sienten culpables

La culpa es como un peso que cargamos. Esto es lo que vivió el rey David luego de haber cometido el pecado del adulterio con Betsabé, y de homicidio al ordenar la muerte de su esposo Urías. Sus palabras describen lo siguiente:

«Mientras callé, se envejecieron mis huesos en mi gemir todo el día» (Salmo 32.3).

«Porque de día y de noche se agravó sobre mí tu mano; se volvió mi verdor en sequedades de verano. Selah» (Salmo 32.4).

La frase «se agravó» significa «*tu mano sobre mí se hizo pesada*». Esto significa que la culpa de su pecado afectó su salud, su estado anímico y espiritual. Sabemos que es saludable sentirse culpable (para arrepentimiento), sin embargo, la vergüenza es una atadura espiritual que le impide a uno ser libre de la culpa. Y algo importante para tener presente: ¡La vergüenza nos aleja de la gracia y del perdón de Dios!

Cuando Adán y Eva pecaron se sintieron culpables y avergonzados. Y la culpa los condujo a esconderse de la presencia de Dios, porque creyeron que no había más esperanza para ellos.

La vergüenza se produce cuando se pierde la esperanza de que Dios nos pueda perdonar y restaurar. La esperanza se pierde cuando creemos que viviremos el resto de nuestras vidas escondiendo una experiencia que contaminó y arruinó nuestro corazón para siempre. He conocido a personas que sienten que nunca podrán ser hombres o mujeres normales, porque esa herida los dejó tan desfigurados que creen que ya no hay esperanza, que no hay gracia para ellos.

La reacción instantánea del ser humano al pecado es cubrirse, escaparse de la culpa. Y la reacción instantánea de un herido también es la de cubrirse, tratando de esconder algo doloroso y violento que se le ha impuesto vivir. Debido a la culpa, encontramos cristianos que entran al ministerio pensando que ayudando a otros su culpa se calmará. Y sabemos que el verdadero llamado de un cristiano a ayudar a otros en el ministerio, debe estar fundamentado en la compasión, no en la condenación.

B. Los heridos en el rostro se esconden detrás de máscaras y se aíslan

Adán cubrió su vergüenza con hojas de un árbol de higos. Esas hojas representan las máscaras que elegimos para esconder nuestra vergüenza.

La vergüenza nos guía a tapar toda área de debilidad y vulnerabilidad, escondiendo nuestro verdadero rostro, golpeado por otros. Ese comportamiento llega a controlar y dominar toda faceta de nuestra vida, de manera que terminamos procurando obsesivamente cubrir nuestras imperfecciones, como resultado de la vergüenza que escondemos. El temor más grande de estos heridos es que otros descubran la herida. Por eso la cubren con máscaras que los separan de las relaciones y las amistades. Otros cubren su rostro desfigurado con «caretas», con la imagen de otro rostro, de otra personalidad.

¿Conoce a esas personas que siempre están contando chistes, que hacen de todo una broma? Aparentemente son muy alegres, pero casi siempre esa actitud tan divertida demuestra que no quieren enfrentar la seriedad de los asuntos importantes.

Otros se vuelven sumamente religiosos y ultramorales, con actitudes aparentemente muy piadosas y rectas, pero ocultando alguna vergüenza moral.

Sin embargo, hay quienes se esconden de su vergüenza culpando a otro. He conocido a personas que se sacrifican y trabajan para tener éxito simplemente porque quieren desmentir a los que les hirieron. Detrás de su aparente éxito y ambición se halla un rostro herido.

Y, aunque usted no lo crea, existen hombres y mujeres que viven totalmente aislados de todo contacto humano, eligiendo no desarrollar amistades y relaciones sentimentales por temor a ser descubiertos o nuevamente heridos.

Jesús llevó nuestra vergüenza a la cruz. El escritor del libro a los Hebreos, dice que Cristo menospreció el «oprobio», la vergüenza. No piense que *la vergüenza* es algo espiritual o simbólico. Jesús fue crucificado sobre el madero totalmente desnudo, padeciendo vergüenza delante de todos sus familiares, discípulos y espectadores. En la cruz, Jesús no se cubrió con hojas de higos; sino que fue avergonzado para que nosotros recibiéramos su manto de justicia y santidad.

C. Los heridos en el rostro se sienten contaminados

Aunque los heridos en el rostro hayan sido víctimas, en alguna manera se sienten responsables. Así les ocurre a la mayoría de las personas que han sido maltratadas físicamente, creen que tienen parte de culpa. Se sienten tan despreciadas y humilladas que caen en comportamientos de perversión; atados a la práctica de los mismos pecados perversos con que fueron maltratados. Otros, en cambio, son introducidos a temprana edad en una vida de drogadicción y ruina, ligados a una adicción compulsiva.

Siempre me he preguntado: ¿Por qué una persona que fue violada sexualmente se transforma en un libertino sexual o en una prostituta? La respuesta es que *los heridos en el rostro se sienten tan desfigurados y dañados que llegan a la conclusión de vivir dañados*. Oí a una persona decir: «Yo estoy marcada para siempre, mejor lo acepto y me rindo a vivir en la basura».

LAS MANOS TRASPASADAS: *La inseguridad que domina*

Me encontraba regresando de uno de mis viajes, en un vuelo desde los Ángeles a Nueva York. En ese vuelo, una familia entera se había sentado delante de mi fila. Y en esa fila de tres asientos, el niño de unos diez a doce años era quien estaba ubicado en el asiento del medio, con sus padres a cada lado. Me encontraba sentado justo detrás de ellos y durante la hora de vuelo, el niño jugó con un aparato electrónico de video que emitía sonidos irritantes. La verdad es que varias veces tuve la tentación de quejarme con sus padres, porque a pesar de que el niño jugaba y se divertía; los sonidos de su juego nos estaban molestando como pasajeros. De repente, la madre se dirigió a su esposo y aparentemente, le pidió que ordenara a su niño que apagara el juego de video. En segundos pude contemplar una escena muy triste: *El padre, enojado, se dirigió a su hijo y le tocó el hombro. El niño reaccionó rápidamente, soltando su juego y cubriéndose la cabeza con las manos... El niño se estaba protegiendo de las manos de su padre. Había reaccionado con temor.*

Cuando vi ese triste cuadro, pensé en mi hijo David. Y me pregunte: ¿de qué manera hubiera reaccionado? La verdad es que me produce mucha alegría saber que mi hijo no hubiera reaccionado como aquel niño porque, como padre, mi presencia y mi abrazo causan seguridad en él. Por eso mi hijo siempre se quiere sentar a mi lado, quiere sentirme cerca. Como padre, sé que una de mis responsabilidades más importantes es proveer a mis hijos seguridad y protección.

A través de esa experiencia entendí que para algunos las manos simbolizan calor, seguridad, protección y amor. Pero para otros significan heridas que producen inseguridad y vulnerabilidad.

La **herida en las manos** expresa una vida ausente de protección, cuidado y cobertura. Estas son las personas que han sufrido en las manos de sus padres, de familiares; que han sido tratados con violencia, simplemente porque eran débiles; porque eran pequeños.

Casi siempre las personas que hieren con sus manos lo hacen porque son muy exigentes, porque tienen expectativas irreales, que cuando no son satisfechas golpean dejando a sus víctimas incapacitadas e inseguras.

A. Los heridos en las manos son controlados por el miedo y la ansiedad

Hay hombres que no pueden cumplir con tareas simples en sus trabajos porque vienen de hogares donde eran castigados físicamente cuando no cumplían con las tareas sencillas del hogar. Provocando que, cada vez que sus jefes le demandan que cumplan con sus responsabilidades, la ansiedad los domine y se paralicen en su trabajo.

He conocido a personas que no han podido progresar en sus compañías, subiendo a posiciones de más influencia, mejor remuneradas. Desechan la posibilidad de intentarlo por la ansiedad que les provoca tener que enfrentarse a nuevos desafíos, a responsabilidades mayores. No pueden progresar debido al malestar que les causa pensar que tendrán que aprender otras funciones, conocer a nuevas personas, mudarse de planta (piso) o producir más resultados.

B. Los heridos en las manos se sienten amenazados

Los heridos en las manos sienten que no tienen control de sus vidas. Sufrieron bajo el control de padres y familiares que los dominaron de tal manera que nunca aprendieron a ser dueños de sus propias decisiones.

Proverbios 25.28 dice: «Como ciudad derribada y sin muro es el hombre cuyo espíritu no tiene rienda».

La Biblia describe a la persona que se siente amenazada, sin el control de su vida, como a una ciudad derribada y sin muro. Seguramente así se sintió aquel niño en el avión, cuando su papá lo tocó en el hombro. Ese niño no podía ver a su papá como un muro protector. Por el contrario, se sintió amenazado cubriéndose la cabeza, esperando recibir el golpe.

¡Cuántos se sienten vulnerables porque vivieron en un hogar con un padre borracho, que los golpeaba cuando llegaba de noche! Razón por la cual tantas personas inseguras no quieren tener hijos.

¡Cuántos se sienten siempre amenazados porque no saben lo que es sentir el calor, la protección y la seguridad de un hogar sano! Motivo suficiente para comprender por qué hay tantas personas que no pueden formar un hogar saludable, amoroso y seguro para sus hijos.

¡Cuántas mujeres se sienten amenazadas ante cualquier varón que se les acerca, porque tuvieron a un padre que abusó de ellas en la oscuridad de la noche, en su propio dormitorio! Por eso hay tantas mujeres que no pueden disfrutar de la intimidad con su esposo.

C. Los heridos en las manos tienden a controlar a los que están a su alrededor

Aquellos que son dominados por la inseguridad, sienten que necesitan controlar las situaciones de su vida. Lo hacen manipulando las emociones de los que le rodean, usando la ira con el propósito de intimidar; logrando así lo que desean. Otros usan la imagen de víctima para hacer sentir a los demás, avergonzados. Están también los que usan la «antipatía» haciéndose desagradables para alejar a los que se le acercan.

Los heridos en las manos necesitan controlar todas las situaciones a su alrededor para no sentirse que han perdido el control.

D. Los heridos en las manos necesitan levantar otros muros

Cuando la Biblia dice que *el que no tiene control es como una ciudad sin muros,* es porque estos heridos levantan otros muros para sentirse protegidos y con control.

Algunos edifican muros de consolación, un vallado que los hace sentir cómodos y satisfechos. Son personas heridas que encuentran consolación y alivio en el sexo, en las drogas, en la bebida, en la gula, al estar con

lo último de la moda o al obtener bienes como automóviles y propiedades. Pero a través de esos muros (vallados), también aprenden a controlar a otros; usando esos comportamientos para sentirse protegidos,
satisfechos y aceptados.

E. Los heridos en las manos son volubles e impulsivos

Aquellos que viven con personas inseguras saben que cualquier crisis
puede causar una explosión de enojo. La inseguridad provoca que
situaciones que no tienen mayor importancia, amenacen la seguridad y
el bienestar. Y cuando esos heridos se sienten amenazados, levantan una
pared de ira para mantener a los que lo rodean aislados.

Esa clase de explosión de ira es distinta a la que produce el rechazo. Este incita a una ira constante, pero la inseguridad expresa una ira
que no se puede anticipar, no predecible; es sorpresiva y repentina.

Esta ira volátil se ve en personas que han sido maltratadas. Cuando las experiencias diarias traen a la memoria aquellos abusos, los heridos en las manos pierden los estribos. Esto lo vemos en personas que
han sido violadas sexualmente. De manera que cuando alguien se le
acerca, se sienten como arrinconados, resisten y hasta responden con
violencia.

Estas reacciones volátiles están basadas en sentimientos de frustración. Tratan de alejar esas memorias, ignorarlas, pero no pueden porque
sus manos están heridas por el abuso y la violencia.

F. Los heridos en las manos son defensivos y desconfiados

Estos heridos sienten que deben defenderse de cualquier amenaza, física o verbal. Una de sus características es que no soportan perder un
argumento, una discusión. Siempre deben vencer, aun logrando aver-
gonzar a los que están presentando otro punto de vista.

Los heridos en las manos son personas muy desconfiadas. Es decir,
que no permitirán el acceso a otros a su vida, pensamientos, emociones
y planes. La inseguridad en sus vidas no le permitirá el acceso a nadie
en su «mundo».

G. Los heridos en las manos sienten que todo el mundo es su enemigo

Estos heridos se sienten sin poder, sin la resistencia para tomar el dominio de sus vidas.

Aunque la herida haya sido hecha en la infancia o en los años de su juventud, o aun en la madurez, si algo trae a la memoria esas experiencias dolorosas, el herido en las manos se siente incapaz, débil y víctima. Su actitud es estar constantemente en «guardia», protegiéndose de cualquier persona o experiencia que le pueda hacer sentir inseguro y desprotegido.

LOS PIES TRASPASADOS: Representan el temor que paraliza

El temor es un sentimiento que nos asedia constantemente. Provocando profundos deseos de escapar, de esconderse y desaparecer de la faz de la tierra; bajo una gran sensación de soledad con la que nadie puede ayudarnos. «Cuando vivimos influenciados por el temor, vivimos escapando de situaciones, para evitarlas». ¡Adán hizo exactamente eso!

Génesis 3.10 dice así: «Y él respondió: Oí tu voz en el huerto, y tuve miedo, porque estaba desnudo; y me escondí».

El temor puede destruirnos y paralizar nuestro crecimiento y progreso en todo aspecto de nuestras vidas. ¡El temor paraliza! Alguien que es **herido en los pies**, no puede progresar, no puede conquistar, no puede crecer.

Esa sensación nos espera en las puertas de toda nueva experiencia en la vida. ¡Por temor, Israel no entró en la tierra prometida! Cuando algo nuevo, que no nos es familiar, se presenta el temor nos asalta.

Esto es «temor a lo desconocido» fundamentado en la sensación de que Dios no estará allí para protegernos o respaldarnos. Eso es lo que sintió el pueblo de Israel al ver a los gigantes en la tierra a poseer; dudaron de que Dios interviniera en el asunto y el temor los paralizó.

El temor es la emoción más antigua en la Biblia. La primera manifestación de este sentir se produjo cuando Adán entendió que por su desobediencia, debía enfrentar la vida sin Dios y sin la presencia de su

Creador. La convicción de que su rebelión le traería consecuencias, provocó en Adán más temor.

La Biblia describe este sentimiento como el temor a estar «desnudo», es decir «separados» de Dios. Adán emprendería un nuevo tiempo sin la *cercanía fraternal de su Padre Dios*. La seguridad, la libertad y la vida plena que vivió cuando era uno con su Creador se opacó ante el temor de su separación del Gran Rey.

A. Los heridos en los pies están amedrentados

Estar amedrentados no es simplemente tener temor. Estar amedrentados es estar controlados y dominados por el temor. Cuando sucede algo, toda nuestra vida es afectada, desde la manera en que nos vestimos, cómo pensamos, lo que comemos, dónde vivimos y cómo hablamos. El dominado por el temor puede estar aprisionado en su casa o puede escaparse para vivir en un monte, alejado de todos.

Estar amedrentados es vivir con el constante temor de que un desastre está por suceder. ¡Es vivir con el temor de que las bacterias nos infectarán... que en la correspondencia diaria vendrá una mala noticia... que cualquier dolor en el cuerpo es una enfermedad de muerte! Estar bajo ese tormentoso sentir es vivir esperando ser castigados con dolores y circunstancias negativas.

B. Los heridos en los pies se sienten solos

Cuando mi hijo era pequeño no le gustaba que apagara las luces de su dormitorio. Me decía que le tenía miedo a la oscuridad. Pero mientras yo estaba en el dormitorio con él, las luces podían estar apagadas. Él no le tenía miedo a la oscuridad. Temía estar solo en un cuarto oscuro.

El que tiene miedo a las circunstancias, no tiene temor de ellas. Sí a la soledad, a atravesar experiencias de la vida solo, sin alguien que lo acompañe.

C. Los heridos en los pies están paralizados por los nervios

Este es un temor que nos inmoviliza. Cada uno de nosotros hemos tenido experiencias en las que el temor nos ha hecho olvidar hasta de cuál es nuestro nombre, de dónde venimos y para qué estamos en ciertos lugares. Por temor olvidamos qué decir cuando estamos parados delante de un grupo de personas. O somos petrificados cuando estamos delante de alguien importante.

El que está *herido en los pies* siempre está controlado por ese temor paralizador, el que le impide relacionarse con su prójimo, mostrar sus emociones y hasta le hace imposible abrir su corazón a los demás.

D. Los heridos en los pies son indecisos

Esta herida origina que caminemos por la vida con temor de tomar decisiones importantes. La raíz de este comportamiento es el miedo a cometer un error.

Transformándonos en indecisos (no resueltos) para entablar nuevas amistades o relaciones con miembros del sexo opuesto. El temor no es hacia las amistades o a otras personas, sino que la indecisión se basa en el temor a ser herido por otros, a desilusionarnos si esas relaciones no cumplen con nuestras expectativas.

Esas heridas no nos permiten progresar, sea en áreas emocionales o espirituales; provocando el detenimiento del crecimiento en nuestras vidas. En estos últimos años, el Espíritu Santo ha estado manifestándose en maneras nunca antes vistas, y he podido comprobar cómo este sentimiento destructivo se ha manifestado aun en cristianos maduros, al rechazar las maravillosas bendiciones de Dios, por temor a equivocarse al aceptar algo nuevo, desconocido.

LAS HERIDAS EN LAS ESPALDAS: *Representan la humillación*

Antes de comenzar a azotar, los romanos amarraban las manos del reo, para luego atarlo a un poste. De esta manera, el reo quedaba totalmente paralizado, a la merced de sus torturadores. Los romanos azotaban a los condenados a muerte con un látigo especial.

Ese látigo penetraba la piel hasta desgarrarla, hasta llegar a tocar los huesos. El propósito de los azotes no era matar al condenado, sino humillarlo a tal grado que la víctima perdía las fuerzas para resistir la crucifixión. Los azotes de los soldados romanos fueron tan crueles que Jesús no pudo cargar con el madero (patíbulo) camino al monte del Gólgota. Los azotes eran el medio para causar una humillación aplastante; dejando al reo con un sentimiento de resignación, de total rendimiento a los torturadores.

Las *heridas en las espaldas* representan el sentimiento de indignidad, de inutilidad, de desprecio. Estas heridas representan la pérdida de valor, de mérito. Una persona herida en las espaldas se siente inútil, indigna y sin valor en la vida. Estas son las personas que han sido tan golpeadas que pierden el sentido del respeto, de la dignidad. Se sienten despreciados, rechazados e inútiles.

En el capítulo 29 del libro de Génesis, la Biblia nos relata la historia de Lea, la esposa de Jacob: Cuando este joven llegó a las tierras de su tío Labán, se enamoró de Raquel, la hija menor. Y, como la costumbre era que el hombre diera una dote (regalo) a la familia de su futura esposa, él ofreció trabajar gratis durante siete años para Labán. Cumplido el tiempo, se casó. Y al día siguiente de la fiesta, su sorpresa fue grande cuando se encontró con Lea como su esposa, la otra hija. Desde ese momento Jacob la menospreció; ella era de ojos delicados, casi ciega; en cambio Raquel era hermosa. Labán había omitido hacerle saber que su costumbre también era que la hija mayor debía casarse primero. Enfurecido Jacob por el engaño aceptó trabajar otros siete años más por la mujer que amaba, Raquel, con la que luego se casó. ¡Sin dudas, *el engañador* había sido engañado!

Veamos Génesis 29.30-32: «Y se llegó también a Raquel, y la amó también más que a Lea; y sirvió a Labán aún otros siete años. Y vio Jehová que Lea era menospreciada, y le dio hijos; pero Raquel era estéril. Y concibió Lea, y dio a luz un hijo, y llamó su nombre Rubén, porque dijo: Ha mirado Jehová mi aflicción; ahora, por tanto, me amará mi marido».

Imagínese qué amarga experiencia vivió Lea. Desde el primer día de su matrimonio, supo que su esposo no la amaba a ella, sino a su hermana Raquel. Que estaban unidos por el pacto hecho con su padre Labán y además porque Jacob quería tener hijos para que administraran los bienes que estaban acumulando.

Desde el primer día de su matrimonio, Lea fue despreciada, rechazada, la segunda, viviendo a la sombra de su hermosa hermana.

El desprecio conduce a las personas a sentirse indignos de valor, de respeto. Esta herida provoca que las personas crean que deben ocupar el segundo lugar, que son inferiores a otros, siempre humillados y aplastados por una herida en las espaldas.

Por el resto de su vida, Lea creyó que no era suficientemente deseable, hermosa y valiosa como para merecer el amor de su esposo. La necesidad de ser aceptada la llevó a codiciar la hermosura de su hermana Raquel, con actitudes comparativas. La esperanza de que fuera aceptada la motivó a creer que sería aprobada, aceptada, dándole descendencia a su esposo, permaneciendo fiel a sus hijos como madre.

En nuestras culturas, constantemente se nos compara con prototipos de hermosura y éxito. Y cuando no alcanzamos a ser como *esos ideales*, muchos son golpeados, heridos, desechados y marginados por no haber alcanzado los estándares de perfección.

En nuestras comunidades cristianas también establecemos prototipos de bendición, de éxito ministerial, de perfección espiritual. Y cuando no logran cumplir con esos ideales religiosos, muchos se sienten despreciados, relegados a vivir como cristianos de segunda clase. Estos heridos caminan entre nosotros como invisibles, insignificantes, sin favor y honra.

Lea era una persona ordinaria… Raquel una mujer hermosa.

Lea no tenía una mirada penetrante… Raquel era de lindo parecer y hermoso semblante.

Lea fue una mujer que vivió el resto de su vida herida por el trato indiferente de su padre y el desprecio de su esposo.

A. Los heridos en las espaldas no se sienten amados

Esta herida produce un sentimiento profundo de falta de valor. La estimación propia deficiente los lleva a creer que otros son más amados y valorizados por sus talentos, atractivo, status social… que ellos. En el caso de Lea, herida por el rechazo, la indiferencia y el desprecio de su esposo dejaron su marca en el nombre de cada uno de sus hijos, y se hizo manifiesta la compasión de Dios en cada tiempo de su dolor. Por ejemplo a su primer hijo llamó Rubén, en alabanza a Dios por haberla favorecido, por mirar su aflicción y creer que su esposo ahora la amaría. Y a su segundo hijo llamó Simeón, en gratitud a Dios por mirar y oír su dolor a causa del menosprecio.

B. Los heridos en las espaldas se sienten ignorados

Este sentimiento de inferioridad conduce a las personas a que cumplan su trabajo, sus responsabilidades, en el anonimato. Puede ocurrirles a cristianos que, comprendiendo su posición como hijos e hijas de Dios, se sienten acobardados y encadenados por un terrible sentimiento de falta de valor. Por eso sirven, trabajan y cumplen con las órdenes dadas sin esperar ninguna recompensa.

Esta herida crea en ellos una imagen pobre de sí mismos, limitada, ordinaria; nunca excepcional para nadie. Las personas heridas en las espaldas se sienten tan inferiores que se resignan a vivir ignoradas para siempre.

C. Los heridos en las espaldas se sienten descontentos

Esta herida deja la sensación de que serán amados incondicionalmente. Sintiendo que tienen que ganarse el amor de los demás, caen en la trampa del enemigo de dedicar todas sus vidas a tratar de complacerlos. Temiendo que si no complacen a la gente, les negarán su amor, los rechazarán o hasta los abandonarán.

Dios nos creó con la necesidad de estar conectados (relacionados), primeramente con Él y luego con los nuestros y hasta con el resto de la humanidad. Así ocurrió con Lea. Creyó que si tenía más hijos con su esposo, finalmente estaría unida emocionalmente; en otras palabras, que encontraría la llave del corazón de su amado esposo Jacob.

Génesis 29.34 dice: «Y concibió otra vez, y dio a luz un hijo, y dijo: Ahora esta vez se unirá mi marido conmigo, porque le he dado a luz tres hijos; por tanto, llamó su nombre Leví».

Las personas heridas en las espaldas tratan de unirse a otros y, al no lograrlo, caen en depresión. El sentimiento de *pertenecer, de ser amado, aceptado, que otros se interesen en uno,* es la necesidad que dejan las marcas del rechazo.

D. Los heridos en las espaldas son personas celosas

Aquellos que no han sido aceptados y amados, envidian a otros que lo son. Son los que están heridos y se sienten indignos, despreciados y siempre están buscando lograr más; más éxito, más posiciones, más honra y más bienes.

El problema con esas personas es que nunca están conformes con lo que logran. Siempre se están comparando con otros y no pueden estar satisfechos con lo que han alcanzado, porque constantemente encontrarán a alguien que tiene más, que ha logrado más y que puede más.

La inseguridad, la falta de conocimiento, de lo que son y cuánto valen es una de las causas que provoca un comportamiento celoso.

E. Los heridos en las espaldas se sienten desvalorizados

La competitividad y la comparación son actitudes destructivas que el enemigo utiliza para paralizar nuestro potencial en Cristo. La carencia de valor propio es la raíz de todo comportamiento negativo ante la verdad de quiénes somos en y a través de Jesucristo. Es como un velo que opaca la verdad impidiéndoles ver **todo** lo que son y **todo** lo que pueden en Dios. Por eso la gracia, los talentos, el valor de la vida y aun el sacrificio de Cristo hecho en la cruz, es visto como algo bueno pero inalcanzable para ellos.

F. Los heridos en las espaldas se sienten desaprobados

Después de todos los hijos que Lea le dio a Jacob, nunca se sintió aprobada por su esposo. Así se sienten las personas heridas por el menosprecio: «Nunca hacen nada bien…» o «No están a la altura de…»

Aunque hagan lo que los demás quieren, siempre los dejarán en segundo lugar. Hacen un esfuerzo desmedido por satisfacer a los demás, aunque nunca estén contentos.

«Aunque pareciera que siempre te quedas corto, que no llegas; nunca dejas de intentarlo». Así les ocurre a estos heridos en las espaldas, no importa cuánto traten, cuán grande sea el sacrificio, nunca será suficiente para llegar a ser aprobados.

LA HERIDA EN EL CORAZÓN: Representa la desesperanza

Cuando los soldados romanos necesitaban asegurarse de que el crucificado estaba muerto, que la víctima ya no tenía vida, clavaban su lanza en el costado, en el quinto espacio entre las costillas, hacia el pericardio; directamente al corazón. La Biblia declara que Jesús ya había expirado cuando su costado fue traspasado.

La herida en el costado era el golpe de gracia, la seguridad final de su muerte. Representa el fin de la crucifixión, el momento en que ya no hay más esperanza.

Los heridos en el costado, en **el corazón**, son las personas que debido a las heridas que he descrito, se rinden, se convencen de que ya no hay más esperanza de cambio, de sanidad.

Jesús explicó muy claramente las cosas que ocurrirían durante y después de su muerte. Los discípulos oyeron pero no entendieron. Además de ordenarles que no se fueran de Jerusalén para ser revestidos del poder de lo alto, también les prometió que así como estaría ausente por un corto tiempo, volvería a verlos. Luego de la crucifixión, los discípulos perdieron la esperanza; todo lo que habían planificado se había ido con la muerte del Maestro. La ausencia, la espera y el vacío que dejó una persona tan significativa para ellos como la de su Mentor, Padre Espiritual y Amigo, los convenció para regresar a Galilea a pescar.

Jesús regresó y los encontró pescando. Qué situación tan desesperante, aquellos hombres que habían dejado todo por seguir a Jesús, por la angustia y la desesperación convinieron en regresar a la pesca, acordaron volver atrás.

Cuando perdemos la esperanza, creemos que «nunca, nunca más, las cosas serán iguales», «que nunca, nunca más, cambiarán». Porque es la esperanza la que nos mantiene creyendo que el futuro traerá cambios buenos, que las situaciones que hoy se ven conflictivas, pasarán. La esperanza es la fuerza invisible que nos mantiene en un progreso hacia adelante, hacia el futuro. En cambio, la desesperanza nos detiene, aun logrando que retrocedamos al pasado hasta rendirnos.

Esta es la marca principal de una persona **herida en el corazón**: se ha rendido y no tiene esperanzas de cambios.

Son los **heridos en el corazón** quienes no pueden ver el futuro, solo ven vacío; pierden la visión de sus vidas y toda motivación para vivir. Esta herida produce un sentir tan negativo, destructivo, que los lleva a creer que los cambios son imposibles, cerrándolos a toda posibilidad de ver un milagro. Este enemigo, la desesperanza, oprime de tal manera a las personas que se entregan a abandonar sus sueños, sus visiones y sus esperanzas.

G. Los heridos en el corazón se sienten maldecidos, condenados

Los heridos en el **corazón** se sienten condenados a vivir con un peso ineludible de desastre que siempre los estará persiguiendo. Me imagino cómo se sintieron los discípulos al poner el cuerpo de Jesús en la tumba, después de soñar con la esperanza de sentarse junto a Él en el reino. Sus días habían cambiado, pues ahora escapaban porque se sentían amenazados por los líderes religiosos. De manera que cuando se reunieron a comer, permanecieron en una habitación con las puertas y ventanas cerradas por «miedo a los judíos».

Sentían que iban a morir como Jesús. En otras palabras, ¡se sentían condenados a muerte!

E. Los heridos en el corazón se sienten totalmente derrotados

Cuando perdemos la esperanza, vivimos cabizbajos, aceptando la derrota, entregados al pesimismo; con pensamientos de fracaso ante el gran interrogante: ¿Cómo haremos frente a la vida sin fuerzas ni metas? Es como caminar con una bandera blanca sobre nuestra cabeza (la bandera de los rendidos). Como vivir con las manos levantadas, no alabando a Dios, sino en señal de entrega, derrota. El rey David expresa este sentir en el salmo 3.2 cuando dice: «Muchos son los que dicen de mí: No hay para él salvación en Dios. Selah».

En el lenguaje de hoy, David confiesa que su situación es tan grave que ni Dios puede salvarlo. David había perdido la esperanza. Su hijo Absalón se había revelado contra su padre tomando su trono y David no quería pelear contra su propio hijo. Su corazón estaba herido, quebrantado y desesperado por esa situación. No veía otra salida más que escapar de Jerusalén y abandonar su trono en las manos de su hijo rebelde.

F. Los heridos en el corazón son indiferentes, resignados

Los heridos en el corazón son aquellas personas que no pueden ver un futuro positivo y se resignan a la condición dolorosa y negativa que los domina. Y aunque hayan tratado en el pasado, nada cambió. El dolor provoca que el corazón del hombre y la mujer sean tan susceptibles a lo negativo que terminan estableciendo pensamientos de mentira, de error y de confusión como la verdad, porque se han resignado a luchar.

La indiferencia se convierte en una actitud tan propia y familiar que se confiesa diariamente a través de pensamientos y declaraciones nocivas como: «¡Que suceda lo que suceda!», «¡Que pase lo que pase… no me interesa!» Evitando tratar algo nuevo porque ya se han sometido a vivir así.

G. Los heridos en el corazón son pesimistas, negativos

Los pesimistas toman las experiencias del pasado y creen que volverán a suceder en el futuro. Creen que si algo negativo sucedió en su pasado, predicen y confiesan que volverá a manifestarse en un tiempo no muy lejano. Son los que se consideran perdedores y deciden creer que nada pueden hacer para dar solución a sus problemas. Les es más fácil ver un problema, pensar lo peor, predecir el fracaso, encontrar fallas y enfocarse en lo negativo. Y la verdad es que, ¡ninguna experiencia negativa se convierte en fracaso solo cuando no aprendemos de ella!

H. Los heridos en el corazón se sienten vacíos, desilusionados

Tanto los niños, como los jóvenes y los adultos tenemos sueños, ilusiones, planes para nuestro futuro. Pero cuando esos anhelos no se cumplen, quedamos desilusionados, perdemos la motivación y la visión.

Toda ilusión llena nuestra vida, nos da fuerza e impulso para continuar luchando y trabajando; pero cuando la ilusión se pierde, nos quedamos vacíos. Sin el deseo de continuar viviendo.

Esto sucede con parejas que se ilusionan y basan su felicidad y el significado de sus vidas en su relación. Quedan expuestas a la desesperación por sentirse vacías cuando esa relación se pierde, sea por la separación, el divorcio o la muerte.

I. Los heridos en el corazón se deprimen

La depresión es el último efecto de la ausencia de esperanza. Estar bajo sus efectos es *como sentirse al borde de un precipicio, cayendo en un pozo sin fondo, sin tener la fuerza para escapar*. La depresión hace sentir a los heridos en el corazón «que no hay escape, que están cayendo en un vacío hacia la inevitable destrucción».

La depresión es un dolor en el alma que abate el espíritu de tal manera, que uno no puede creer que algún día desaparecerá. Se trata de un desorden emocional, este desarreglo emocional por lo general está acompañado de pensamientos de desesperanza y a veces de suicidio. Pensamientos afectados por opiniones negativas y pesimistas de sí mismos, de su futuro y de las circunstancias que las rodean.

Los heridos en el corazón que se encuentran deprimidos manifiestan una decadente participación en sus actividades importantes y una falta de interés en la vida y de propósito para seguir adelante.

Querido lector, luego de haber profundizado en esta especial enseñanza, estoy seguro de que usted se ha sentido identificado con algunas de estas heridas. Debo decirle que ¡Jesús experimentó todas estas heridas, las quitó de nuestras vidas y las puso sobre su cuerpo; sufriendo las consecuencias y los dolores de todas ellas!

Y no puedo terminar este capítulo sin hacerle estas preguntas:

- ¿Cómo podremos conquistar todo lo que Dios tiene para nosotros si nuestras manos están heridas?
- ¿Cómo conquistaremos las promesas de Dios si la inseguridad y el temor nos dominan?
- ¿Cómo podremos hacer proezas en Dios si nuestros pies están heridos y no podemos progresar debido al temor?
- ¿Cómo edificaremos el reino de Dios en las naciones, si nuestras frentes están heridas y nos sentimos rechazados por todos?
- ¿Cómo podremos ser testigos del evangelio si nuestro rostro está tan desfigurado que no podemos mostrar lo que verdaderamente somos en Cristo?
- ¿Cómo llegaremos a posiciones influyentes, a tomar dominio de riquezas y recursos, cuando nuestras espaldas están destrozadas y nos sentimos despreciados y desvalorizados?
- ¿Cómo podremos conquistar todo, sea lo presente, lo porvenir, el pasado, el mundo… todo, si nuestros corazones están tan heridos que no podemos ver más allá de nuestras fallas, nuestras caídas y nuestras desilusiones?

La realidad es que… ¡NO PODREMOS! Pero hay una solución, una respuesta. Dios quiere sanarnos como lo hizo con Israel frente al valle de Jericó. ¿Recuerda? Cuando ellos fueron sanados de sus heridas, Israel se pudo levantar y fue entonces que conquistaron la tierra que Dios les prometió.

En el próximo capítulo, hablaremos de la gran herencia que está preparada para usted y de cómo apropiarse de todo lo que Dios ya ha preparado para su deleite y su gloria.

Capítulo 3

La herencia

—✦—

Para el creyente en Cristo y miembro de su familia, el domingo es el día más importante de la semana porque es dedicado a congregarse con otros creyentes, en la casa del Señor. Es el día de celebrar, junto a todo el pueblo, culto a Dios. Como predicador me regocijo al ver todos los domingos —sea por la mañana, por la tarde o por la noche— a los hijos de Dios atravesar las puertas de las iglesias, preparados para recibir bendiciones del Señor.

Pero como ministro, percibo cómo miles de creyentes asisten a nuestras reuniones porque necesitan fortaleza, ánimo y dirección para sus vidas. ¡Es maravilloso experimentar cómo el Espíritu Santo jamás desilusiona a todo aquel que se acerca a Dios con un corazón contrito y humillado; Dios es fiel.

Sólo basta un día después del domingo para entrar en un tiempo de crisis. Para muchos, a partir del día lunes se produce un gran vacío, un desconcierto, un sentimiento de confusión al enfrentar los problemas de la vida. Son los días en los que todo lo que recibimos será probado, es cuando seremos desafiados a no dejarnos robar la consolación, la dirección y la paz que hemos recibido. Y así vivimos, de domingo a domingo, de ministración en ministración; sin encontrar la respuesta para el cambio.

Sabemos que somos salvos, que vamos camino al cielo, pero algunos vivimos «un infierno» en la tierra. Esta es la realidad que muchos viven en nuestras iglesias.

Muchas veces, luego de ministrar la Palabra de Dios, extiendo una invitación a los que desean hacer una confesión pública de fe en Cristo Jesús. Y cuando pasan al altar por primera vez para recibir a Jesús en sus corazones, no me asombra ver que muchos creyentes pasan también para «renovar» su pacto de salvación con Jesús. Antes me preguntaba el porqué de esta acción, ahora entiendo que los creyentes que continuamente pasan al altar no lo hacen para recibir salvación nuevamente, sino porque no están experimentando la seguridad de ser salvos; la victoria que se produce en la vida de aquellos hijos de Dios que han conquistado los abundantes frutos de la salvación.

Debemos tener muy presente esta verdad: La promesa de vida abundante que Jesús nos prometió no puede ser afectada por ninguna crisis, porque no depende su cumplimiento de alguna circunstancia, cosa o persona; es inamovible, pues se trata de lo establecido por el designio divino, sellado por el poder de su Palabra para que recibamos todo cuanto nuestro Dios Padre ha preparado y diseñado para cada uno de sus hijos. ¡Es la promesa que Dios le dio a Israel al entrar a la tierra prometida, cuando Jehová Dios los introdujo en la tierra que habrían de tomar!

Veamos esta promesa hecha en Deuteronomio 7.6-15.

NUNCA OLVIDE ESTAS VERDADES:

1. Usted es un tesoro valioso.

Deuteronomio 7.6:

> «Porque tú eres pueblo santo para Jehová tu Dios; Jehová tu Dios te ha escogido para serle un pueblo especial, más que todos los pueblos que están sobre la tierra».

En esta expresión, Dios no está diciendo que su pueblo es especial, como distinto. He oído decir que somos un pueblo «peculiar» como implicando que somos raros, distintos a otra gente. El verdadero significado de esta declaración de Dios es que Israel ha sido elegido como pueblo especial (señalado, separado, incomparable, representativo, privilegiado) por la fidelidad de Dios a su promesa hecha a los antepasados de Israel. ¡Somos pueblo apartado para manifestar y cumplir los propósitos de Dios y ser su posesión apreciada; pueblo santo, escogido, separado para vivir en continua relación con Dios!

DIOS LE MIRA A TRAVÉS DE LA SANGRE DE JESUCRISTO, PERFECTO, COMO EL MOTIVO DE SU CONTENTAMIENTO, A PESAR DE SU HUMANIDAD.

En el Nuevo Testamento, en la Carta a los Efesios, el apóstol Pablo dice que somos bendecidos con toda bendición espiritual, es decir, que hemos recibido privilegios divinos por haber sido escogidos, adoptados y perdonados a través de Jesucristo. Y que estamos sentados (en sentido espiritual) con Cristo en victoria junto al Soberano sobre todo.

Fuimos predestinados en la elección amorosa de parte de Dios para ser escogidos en Cristo a fin de ser bendecidos con bendiciones eternas, no temporales.

Dios declaró que su pueblo es su valioso tesoro. Declaró además, que su Iglesia es su amada, su familia, el cuerpo de Cristo, por quien lo dio todo para salvarla, rescatarla y poseerla por amor.

2. Usted es escogido por su gracia.

Deuteronomio 7.7:

> «No por ser vosotros más que todos los pueblos os ha querido Jehová y os ha escogido, pues vosotros erais el más insignificante de todos los pueblos».

Dios no nos escogió por nuestras buenas cualidades, frutos o porque calificamos para recibir semejante bendición. Fuimos escogidos en Él porque la salvación es consecuencia de su gracia. En la mente de Dios nuestra salvación se originó antes que el mundo existiese. Su favor inmerecido jamás tendrá que ver con algún mérito o derecho que el hombre tenga para recibirlo, al contrario, se debe a la inigualable capacidad de amar y perdonar que tiene el corazón de nuestro Padre Dios.

DIOS CONOCE SU HERIDA, SU PASADO, Y LO HA ESCOGIDO PARA SANARLO Y CONVERTIRLO EN UN CONQUISTADOR DE TODAS SUS PROMESAS.

En la misma Carta a los Efesios, el apóstol Pablo dice que Dios nos escogió según el puro afecto de su voluntad, para alabanza de la gloria de su gracia. Su soberana determinación decretó que cada pecador predestinado, sin importar cuán vil, inútil y merecer de la muerte fuera, fuese hecho justo al confiar en Cristo.

Dios nos ha elegido por su gracia porque desea que sus hijos e hijas sean instrumentos de alabanza y honra. Así como un instrumento musical produce sonidos hermosos en las manos del artista en un concierto, nosotros producimos alabanza en las manos de nuestro Padre delante de toda la creación.

DIOS LO HA ELEGIDO PARA QUE SEA UN TESTIMONIO DE LA GLORIA DE SU GRACIA.

3. Dios es fiel y cumplirá sus promesas con usted.
Deuteronomio 7.9:

> «Conoce, pues, que Jehová tu Dios es Dios, Dios fiel, que guarda el pacto y la misericordia a los que le aman y guardan sus mandamientos, hasta mil generaciones».

Esta es una invitación a experimentar el cumplimiento de las promesas de Dios porque están basadas en un pacto. Israel recibió el antiguo pacto de «la obediencia a la ley», pero nosotros hemos recibido el pacto de «la gracia», sellado con la sangre del Cordero de Dios, Jesucristo. Este es el pacto eterno que el Padre ejecutó enviando a su Hijo a la cruz para anular el poder del pecado en nuestras vidas.

En el nuevo pacto que Jesús consumó en la cruz, llevó nuestras heridas en su cuerpo; así que por el nuevo pacto el Espíritu Santo diariamente ejecuta sanidad y liberación a nuestros corazones guiándonos a la realidad de esta verdad… ¡vivir en la experiencia de sus beneficios!

DIOS GUARDA DILIGENTEMENTE QUE SUS PROMESAS SE CUMPLAN EN SU VIDA.

El apóstol Pablo continúa afirmando en la Carta a los Efesios que esas promesas de parte de Dios son a todo aquel que le ama y guarda su Palabra, para ponerla por obra. Alcanzando a todos aquellos que han sido apartados para Dios por todos los tiempos, edades y siglos.

Las bendiciones de Dios están preparadas para quienes son sus hijos por la fe en Cristo Jesús, a fin de que todo lo que Él posee sea de ellos, incluyendo su justicia, sus privilegios, sus recursos, su posición y su poder. Promesas que tendrán cumplimiento por el poder del pacto hecho por Dios con el hombre, alcanzando hasta mil generaciones; es decir, todas las descendencias.

DIOS HA DETERMINADO CUMPLIR
TODAS SUS PROMESAS.

4. Las bendiciones de Dios abarcan todas las áreas de su vida.
Deuteronomio 7.13-15:

> «Y te amará, te bendecirá y te multiplicará, y bendecirá el
> fruto de tu vientre y el fruto de tu tierra, tu grano, tu mos-
> to, tu aceite, la cría de tus vacas, y los rebaños de tus ove-
> jas, en la tierra que juró a tus padres que te daría. Bendito
> serás más que todos los pueblos; no habrá en ti varón ni
> hembra estéril, ni en tus ganados. Y quitará Jehová de ti
> toda enfermedad; y todas las malas plagas de Egipto, que tú
> conoces, no las pondrá sobre ti, antes las pondrá sobre
> todos los que te aborrecieren».

El bienestar, la prosperidad y el éxito de su pueblo fueron el resultado
del pacto que unía a Israel con Dios. Sus bendiciones se extienden a nuestra calidad de vida, con la promesa de tener hijos, salud, alimentos y paz.

DIOS NO NOS PROVEE DE ACUERDO
A NUESTRAS NECESIDADES, SINO DE ACUERDO
A LAS RIQUEZAS EN ÉL.

El apóstol Pablo sigue declarando que Dios nos ha bendecido con
«toda» bendición espiritual. Esta verdad abarca la totalidad de su vida.
Significa que, a través de Cristo, somos aprobados para recibir todos los
beneficios de la misma fuente divina y espiritual de donde proceden
todas las bendiciones existentes, esto es, de Dios.

Todas las bendiciones superabundantes están destinadas no sólo a suplir, sino a completar el gozo del hombre en su tiempo terrenal. Sus bendiciones son fruto de la gracia providencial de Dios para todos sus hijos, con el fin de hacernos felices en todas las áreas de nuestra vida.

Seguramente usted se preguntará: ¿Serán todas estas promesas para mí? Es lógico dudar, cuestionar si todas estas hermosas promesas se cumplirán en nuestras vidas, porque la duda proviene de nuestras inseguridades, de nuestro sentido de culpa hacia Dios por no sentirnos dignos de tan grande misericordia. La única respuesta es: DIOS LE AMA. Su gran amor restaurará todas las cosas en usted y, por su sanidad, se convertirá en una señal de amor de Dios para otros.

SU GRACIA ES EL FUNDAMENTO DE TODAS SUS BENDICIONES

¿Sabe? He pensado en cómo definir la conquista que Dios ha preparado para su pueblo, para sus hijos e hijas. Voy a definirla en una sola palabra: **Abundancia.**

Dios anhela la restauración de nuestras vidas, de manera que alcancemos el gozo pleno en la abundancia de sus bendiciones para cada uno de sus hijos e hijas. Abundancia significa: «excesivo, rebosante, más que suficiente, extraordinario, mucho más de lo necesario»; en otras palabras, Dios nos ha prometido superarnos con sus magníficas bendiciones. En las Escrituras cuando algo es restaurado siempre crece, se multiplica o mejora; de manera que su condición postrera superará su estado primero.

Veamos Juan 10.10.

«El ladrón no viene sino para hurtar y matar y destruir; yo he venido para que tengan vida, y para que la tengan en abundancia».

Esta es una verdad muy fácil de entender. El enemigo (Satanás) viene para robarnos el gozo, la sanidad y la victoria, viene para destruir y finalmente para traer muerte. El ladrón se lleva la vida, el gran Pastor la da. Jesús dijo que vino para dar vida, no solamente existencia, sino un nuevo nivel de vida más alto, en el que se hallan la plenitud, la abundancia y la prosperidad. Cristo vino a la tierra en defensa de la vida, oponiéndose con todo su ser a toda fuerza, cualquier cosa o persona que pudiera mutilarla, limitarla, truncarla, quitarla o empobrecerla.

Jesús desea que vayamos más allá de nuestro dolor emocional, de las heridas que limitan nuestra vida y que entremos en nuestra tierra prometida, en una vida de intimidad, paz y propósito. Este es el evangelio completo, vida abundante. La Palabra de Dios nos promete que podemos experimentar la vida de Jesús en nuestra realidad cotidiana abundantemente.

¿Qué es la vida abundante? ¿Cómo es la herencia que Dios nos quiere dar? Describiré la vida abundante en tres aspectos:

- **Intimidad con nuestro Padre.**
- **Paz y gozo en las crisis de la vida.**
- **Una vida de propósito y significado.**

El dolor impide que la persona herida tenga una relación íntima con Dios. Razón por la cual nuestro Padre Dios anhela que sus hijos vivan en su presencia. La palabra «presencia» en el Antiguo Testamento quiere decir exactamente «rostro». ¡Que maravilloso es saber que nuestro Dios nos creó para que vivamos en su rostro, en su presencia! Por eso en el libro de Éxodo, Dios dice:

«No tendrás dioses ajenos delante de mí» (Éxodo 20.3).

La expresión «delante de mí» significa «en mi rostro». *Dios declara que no es permitido poner dioses entre nuestro rostro y el suyo.*

Usted dirá: «¡Yo no soy un idólatra, no adoro a otros dioses!» Sin embargo, muchos heridos no pueden contemplar a Dios con libertad porque han puesto su dolor, su herida entre su rostro y el rostro de Dios. Cuando hablamos con Dios, nuestro dolor es el tema central. Nuestra herida se puede convertir en un dios, en un altar de adoración.

Muchas veces escucho canciones cristianas que fueron escritas por personas muy heridas, muy dolidas. Canciones que aunque son muy emotivas, no vienen de la presencia de Dios. Sino de un adorador que no pudo contemplar a Dios con cara descubierta porque su rostro estuvo cubierto con el velo de su herida, de su experiencia dolorosa. Otras veces escucho predicaciones que aunque son muy consoladoras, solamente expresan el dolor de un predicador que ha atravesado por experiencias difíciles. Estos mensajes no provienen de la presencia de Dios, sino de un corazón herido que ha estado contemplando a Dios a través del velo de su dolor.

Para contemplar a Dios en verdadera intimidad, ¡nuestras heridas deben ser sanadas!

El primer aspecto de la herencia abundante que Dios ha preparado para cada uno de sus hijos e hijas, es contemplar su rostro con cara descubierta.

Veamos 2 Corintios 3.18.

> «Por tanto, nosotros todos, mirando a cara descubierta como en un espejo la gloria del Señor, somos transformados de gloria en gloria en la misma imagen, como por el Espíritu del Señor».

Cuando aprendemos de la vida de Cristo podemos conocer lo maravilloso que es Dios y cómo vivir agradándole. Sin el velo, podemos ser como un espejo que refleja la gloria de Dios. Porque la gloria que el Espíritu nos imparte es superior a la que Moisés experimentó. Pues al contemplar a Dios sin el velo en nuestros corazones, mentes y acciones nos asemejamos a Jesús.

Cuanto más profunda sea la intimidad de nuestro acercamiento a Jesús, más nos pareceremos a Él. Seremos llevados de un nivel de gloria a otro, de un nivel de manifestación de Cristo al siguiente; sumergidos en el proceso de santificación progresiva. La meta máxima del creyente es ser como Jesús y, por enfocarnos de manera continua en Él, el Espíritu Santo nos transformará cada vez más a la imagen de nuestro Salvador. Por eso cuanto más crece todo hijo e hija de Dios en su conocimiento íntimo de Cristo, más se revelará Él en la vida de cada uno de ellos.

Es maravilloso experimentar lo mismo que Jesús mientras contemplamos la gloria de Dios en la relación íntima, porque somos continuamente transformados a su semejanza por la intervención del Santo Espíritu; reflejando entonces la gloria creciente que en lo secreto contemplamos.

SIN VELO ENTREMOS A SU PRESENCIA Y DISFRUTEMOS DE SU GLORIA

En las próximas páginas trataré de compartir con usted ideas que son muy difíciles de expresar en palabras. Dios desea que usted sea sano para que finalmente experimente una comunión íntima y sin barreras con Él. Comunión íntima con Dios es la primera herencia que Dios desea que sus hijos e hijas posean.

Por muchos años traté de tener una comunión íntima con Dios. Como todos, transité por lo aprendido en las normas de dicha tradición. En la tradición evangélica se nos ha enseñado que la oración, el ayuno y el estudio de la Biblia son los elementos que nos llevan a esa comunión con Dios. Sin embargo, esas tradiciones produjeron frustración y hasta resentimiento en mi corazón porque esos ejercicios religiosos se transformaron en una obligación que producía culpa y temor. Con mi mejor actitud comenzaba a buscar intimidad con Dios pero siempre terminaba insatisfecho y sintiéndome culpable porque no recibía lo que estaba buscando: intimidad, relación y paz en la presencia de nuestro Señor. Pero el 19 de septiembre de 1992, día en que el Espíritu Santo renovó mi vida, comencé a experimentar otro nivel de intimidad con Dios. Si usted desea saber más acerca de esa transformación, lea el libro Renuévame. *Mi vida de comunión con Dios cambió cuando vi y entendí el ejemplo que Jesús nos dejó, mostrándonos cómo vivir en continua comunión con el Padre.*

Lo primero que descubrí al contemplar esta maravillosa relación de intimidad entre el Padre y el Hijo, es que el Padre le da de su vida al Hijo; su misma esencia divina es impartida para que el Hijo viva en el mismo poder de la vida de su Padre. Jesús vivió en y por la vida que el Padre le transfirió. En la comunión íntima, Jesús recibió el nivel de vida que el Padre le otorgó, para que Dios mismo, su Padre, viviera en el Hijo.

Por eso la Biblia nos dice que el Padre engendró al unigénito Hijo. *Unigénito* significa: «único engendrado», veamos ahora los siguientes pasajes bíblicos:

Juan 6.57: «Como me envió el Padre viviente, y yo vivo por el Padre, asimismo el que me come, él también vivirá por mí».

Juan 1.14: «Y aquel Verbo fue hecho carne, y habitó entre nosotros (y vimos su gloria, gloria como del unigénito del Padre), lleno de gracia y de verdad».

Hechos 13.33: «la cual Dios ha cumplido a los hijos de ellos, a nosotros, resucitando a Jesús; como está escrito también en el salmo segundo: Mi hijo eres tú, yo te he engendrado hoy».

En nuestras tradiciones religiosas, aprendemos que el comienzo de la comunión con Dios es el sacrificio, la negación a la carne y a los deseos. Costumbres que producen culpas porque no podemos sujetar nuestros deseos y someter nuestro cuerpo a disciplinas religiosas. Recuerdo las muchas veces que me esforzaba; cuando no podía cumplir con las rutinas, me sentía muy desdichado, culpable y fracasado...

El primer paso a la comunión con el Padre es entender que mi vida y mi fuerza provienen de la vida de Cristo en mí. Cuando recibimos la Palabra de Dios, a Cristo recibimos. Y comemos a su Hijo, cuando nos apropiamos con todo nuestro ser de la Verdad.

Así como el Padre envió al Hijo y el Hijo vive por el Padre, quien cree por la Palabra, vivirá por el Hijo. La misma relación de unidad que existe entre el Padre y el Hijo es la que Dios desea que experimentemos a través de su Hijo Jesucristo.

Así como la vida del Padre está en el Hijo, la vida del Hijo está en mí.

Así como el Hijo vivió su vida terrenal por el poder de la vida del Padre, ahora nosotros podemos vivir la nuestra por el poder de la vida del Hijo.

Veamos Romanos 8.2.

«Porque la ley del Espíritu de vida en Cristo Jesús me ha librado de la ley del pecado y de la muerte».

¿Qué es una ley? Una ley es una regla o una norma constante e invariable. Una ley se mantiene igual en cualquier circunstancia o situación. Por ejemplo, «si alguien salta desde el quinto piso de un edificio, según la ley de gravedad, caerá hasta chocar con la tierra. Eso sucederá en Nueva York, en Madrid y en Australia. Sucederá porque la ley de gravedad funciona en cualquier parte del universo.

Pablo define a la naturaleza de Dios como una ley que opera por el Espíritu Santo en la vida de sus hijos. Porque el Espíritu Santo ha reemplazado la ley que sólo podía producir pecado y muerte con una ley que produce vida, la ley de la fe. En el griego «ley» significa «un principio de acción interior (de nuestra mente), sea bueno o malo, que opera con la regularidad de una ley». Es un término también utilizado para las normas de vida de una persona.

Podemos entender entonces que, los cristianos somos liberados del juicio de Dios, que no hay condenación para el creyente porque a través del Espíritu Santo morando en nosotros podemos vencer el pecado que mora en nuestra carne (humanidad) y tener una vida cristiana fructífera.

Por la ley del Espíritu, el soplo de vida a través de Jesucristo, fuimos declarados inocentes y nos fue concedida la libertad del pecado para hacer la voluntad de Dios. Es maravilloso saber que el Espíritu Santo que mora en nosotros cumple la justicia de la ley. Que no hay ninguna condenación en nosotros, dado que estamos muertos a ella (la ley), porque el mismo Espíritu de Dios nos capacita para andar en el espíritu y satisfacer las exigencias divinas.

Esta nueva ley que opera en nosotros por el Espíritu nos ha librado, nos libra y nos continuará librando de la ley (del poder) del pecado y de la muerte. Dios no espera que hagamos buenas obras en el poder de la vieja naturaleza. El Espíritu Santo es quien produce el renacimiento de todo cristiano, el mismo que se manifestó a Adán para ministrarle el soplo de vida de Dios; es lo que hemos recibido en el soplo de vida del Cristo resucitado.

Recuerde: La ley no puede liberar al pecador de su castigo y convertirlo en justo; pero quien tiene al Espíritu Santo a través de Jesucristo es renovado por el poder regenerador, ministrándonos ánimo, carácter, valentía, voluntad, potencia, firmeza... para vivir en el poder del Espíritu y hacer la voluntad del Padre.

Tenemos una elección: Vivir de acuerdo a la vida de pecado y de muerte o vivir conforme a la vida de Cristo.

SOMOS REGENERADOS PARA VIVIR EL REINO DE DIOS EN NOSOTROS

¿Cómo se define esta vida en nosotros?
Veamos 1 Corintios 1.30.

«Mas por él estáis vosotros en Cristo Jesús, el cual nos ha sido hecho por Dios sabiduría, justificación, santificación y redención».

La vida de Cristo en nosotros nos lleva a experimentar la sabiduría, la justificación, la santificación y la redención. Se lo mostraré de una manera práctica: En cada circunstancia de la vida, el creyente que posee la vida de Cristo debe entender que tiene dos opciones: enfrentar la situación en el poder de la vida de Cristo o en el poder de su vieja naturaleza (vida carnal). Todo el tiempo estamos tomando decisiones personales, familiares, profesionales y espirituales; determinaciones en la vida que nos llevan a dos elecciones: la sabiduría de la vida de Cristo o la sabiduría del entendimiento humano. Quien ha determinado despojarse de todo conocimiento humano, limitación y autosuficiencia para caminar en un nuevo nivel de excelencia, poder y victoria, es aquel hijo o hija de Dios que no se desespera frente a las presiones de la vida porque sabe que la vida de Cristo se manifestará a través de la sabiduría para tomar la decisión correcta.

La vida del Hijo en nosotros no se gana, ni se merece. Es el don de Dios a todo aquel que pone su fe en la obra redentora de Cristo para el perdón de sus pecados. La vida abundante de la cual nos promete la Palabra de Dios, puede hallar libertad para manifestarse en nosotros cuanto nuestra fe y determinación se someten al señorío de Cristo en todas las áreas de nuestro ser. No es suficiente creer, sino morir. Necesitamos permitirle al Espíritu Santo gobernar nuestros temores, inseguridades, pasiones, autosuficiencias... para que se manifieste su poder en nuestra debilidad.

Es entonces cuando la vida de Cristo nos fortalecerá, nos guiará al trono de la gracia, pondrá su voluntad en la nuestra y el hambre, la pasión, el deseo de acercarnos a Dios se convertirán en una experiencia de vida; hacia una nueva comunión con el Padre.

Nadie puede llegar al Padre sino por el Hijo. La vida de Cristo nos lleva a la comunión con el Padre sin temores, sin condenación porque Él es nuestra justificación. Cada vez que nos acercamos al Padre es posible por el soplo de vida de Cristo en nosotros, ya justificados, perdonados, aceptados en el Amado. Así es como actúa la vida de Cristo en nosotros.

El éxito de la vida de Jesús es la revelación de la vida del Padre como la fuente misma de su vida. Su vida la vivió por el Padre. El Padre vivía en Él. El Padre estaba reconciliando al pecador consigo mismo en Cristo Jesús. Esta unidad es la que Jesús oró al Padre para que nosotros viviéramos con Él, de manera que seamos uno con Él así como el Hijo era uno con el Padre. Unidad vital para ser nutridos, traspasados, absorbidos, cambiados por la naturaleza divina a fin de que alcancemos —a pesar de nuestra humanidad—, vivir por la obra regeneradora del Espíritu Santo, el reino de Dios en cada uno de nosotros.

La unidad con el Hijo provocará cambios, nos afectará divinamente de manera que seamos transformados a su imagen por causa de Él en nosotros; y nos llevará a un nivel de vida superior como consecuencia de contener en nosotros, vasijas de barro, la supereminente grandeza de Dios, la vida del Hijo. ¡Lo que el Hijo vio al Padre hacer, lo hizo! ¡Lo que veamos al Hijo hacer, nosotros lo haremos!

Somos mudados por la intimidad de este acercamiento

El primer aspecto de la conquista del creyente sano es: La manifestación de la vida de Cristo en su vida cotidiana. ¡Que Cristo se manifieste en su crisis, en su dilema!

Las obras de Jesús eran las obras del Padre

Juan 5.17: «Y Jesús les respondió: Mi Padre hasta ahora trabaja, y yo trabajo».

Juan 10.38: «Mas si las hago, aunque no me creáis a mí, creed a las obras, para que conozcáis y creáis que el Padre está en mí, y yo en el Padre».

Jesús siendo el Hijo de Dios, necesitó mantener su comunión constante con su Padre. Su relación de unidad siempre ha influenciado de manera que Él hacía todo lo que veía, oía, recibía y le decía su Padre. Sabemos que el poder de la influencia de cualquier relación provocará que demos fruto por aquello que nos está afectando para bien o para mal.

¿Qué es más fácil? ¿Estar en un cuerpo que nunca ha pecado y mantenerse sin pecar? o ¿Estar en un cuerpo que peca y dejar de hacerlo? En ambas situaciones habita la naturaleza de Dios, sea en el cuerpo de Jesús que nunca ha pecado y en el nuestro que ha pecado y cada día nos hemos propuesto ser más santos. La razón por la que Jesús pudiera mantenerse en obediencia y santidad, ha sido no por el poder de la naturaleza divina en Él solamente, sino por su dependencia de la fuente de dicha naturaleza.

Las señales, su vida, su testimonio y las palabras de Jesús fueron la evidencia más poderosa ante los incrédulos, porque su estilo de vida reflejaba en sus obras la vida del Padre. ¡Jesús ha dado testimonio y evidencias contundentes!

El segundo aspecto de la conquista del creyente sano es: Que el mundo vea que la manera en que vivimos y las decisiones que tomamos, solamente se logra con Dios. Que nuestros amigos y familiares vean que nuestro comportamiento no es por nuestro esfuerzo humano, sino por la vida de Cristo que se está manifestando en nosotros.

El Padre le mostraba las obras que el Hijo debía hacer

Juan 5.19: «Respondió entonces Jesús, y les dijo: De cierto, de cierto os digo: No puede el Hijo hacer nada por sí mismo, sino lo que ve hacer al Padre; porque todo lo que el Padre hace, también lo hace el Hijo igualmente».

Juan 5.20: «Porque el Padre ama al Hijo, y le muestra todas las cosas que él hace; y mayores obras que estas le mostrará, de modo que vosotros os maravilléis».

Jesús nos enseña que es posible vivir en el espíritu, que no es tarea imposible para el Alfarero cambiarnos a su semejanza. Sabemos que las personas que viven por un largo tiempo juntas o pasan el mayor tiempo relacionándose, comienzan a parecerse. Hablan de manera parecida e incluso hasta llegan a pensar igual.

Cuanto más caminemos con Dios, su carácter, sus pensamientos, principios y voluntad se impregnarán en nosotros. Llegaremos a palpitar al mismo ritmo del corazón de Dios. El Padre nos anima a acercarnos confiadamente ante el trono de su gracia para amarnos, revelarnos e impregnarnos con su presencia. Si conocemos su rostro, el nuestro será cambiado… Si conocemos su corazón, el nuestro será mudado… Si conocemos sus manos, las nuestras serán sanadas… Si nos acercamos a Dios, jamás seremos iguales…

Para Jesús, la oración no era un ejercicio de petición y rogativa. Sino el momento de contemplar y recibir lo que el Padre quería ejecutar en la tierra. Jesús necesitaba alejarse de sus amigos (los discípulos), de la gente y sus necesidades para encontrarse con la fuente de vida eterna. ¡Con el Creador de las obras y prodigios jamás imaginados por los hombres, diseñados para bendecirlos!

En la comunión íntima, el Padre, le compartía y mostraba a su Hijo las obras, los milagros y las maravillas anticipadamente, para que luego Él las ejecutara entre los hombres!

El tercer aspecto de la conquista del creyente sano es: Que Cristo le muestre su voluntad en los momentos de intimidad en la oración. Esto cambiará la vida de oración de muchos que oran por disciplina y miedo. La oración de Jesús era para contemplar lo que el Padre hacía en su trono para después hacerlo entre los hombres.

Por la oración Jesús conocía la voluntad del Padre

Mateo 6.9-13

Padre nuestro que estás en los cielos, santificado sea tu nombre...

En la oración Jesús estaba contemplando al Padre en los cielos, que reina en la hermosura de su santidad.

Venga tu reino. Hágase tu voluntad, como en el cielo, así también en la tierra...

En la oración, Jesús estaba contemplando al Padre que gobierna en el reino de los cielos y también en la tierra.

El pan nuestro de cada día, dánoslo hoy...

En la oración, Jesús estaba contemplando al Padre que suple a sus hijos con pan diario.

Y perdónanos nuestras deudas, como también nosotros perdonamos a nuestros deudores...

En la oración, Jesús estaba contemplando a un Padre de justicia que nos perdona.

Y no nos metas en tentación, mas líbranos del mal...

En la oración, Jesús estaba contemplando a un Padre que nos libra del mal.

Porque tuyo es el reino, y el poder, y la gloria, por todos los siglos. Amén.

En la oración, Jesús estaba contemplando un reino de poder y gloria que no tiene límites, que es eterno.

Esta oración no es una petición. Esta oración es una declaración de lo que Jesús mismo contemplaba diariamente en la comunión con su Padre. Él declaraba lo que veía, hablaba lo que escuchaba, hacía lo que veía al Padre hacer. Así era la comunión del Hijo con el Padre, y así es la comunión de los hijos de Dios con Jesús, el Rey de los cielos y la tierra.

Nuestro tiempo de oración es para contemplar lo que el Rey Jesús está haciendo en su trono para ejecutarlo en la tierra.

El cuarto aspecto de la conquista del creyente sano es: Que nuestras palabras expresen el corazón de Jesús. Muchos podemos hablar acerca de Jesús, de cómo es Él, qué piensa o quiere. Pero, ¿cuántos realmente lo conocen? ¿Quién ha aprendido a escuchar la voz del Buen Pastor y reconocerla entre muchas voces sin confundirla?

Las palabras de Jesús eran las mismas del Padre

Juan 12.49: «Porque yo no he hablado por mi propia cuenta; el Padre que me envió, él me dio mandamiento de lo que he de decir, y de lo que he de hablar».

Juan 12.50: «Y sé que su mandamiento es vida eterna. Así pues, lo que yo hablo, lo hablo como el Padre me lo ha dicho».

Jesús no sólo contemplaba las obras de su Padre sino que también escuchaba sus palabras. Jesús hablaba lo que salía del corazón del Padre celestial. Así como nuestras acciones son la expresión de nuestros pensamientos más profundos, todo lo que una persona manifieste será la evidencia de lo que es y lo que habita en ella.

Si alimentamos a nuestro hombre interior (vida espiritual) y procuramos que nuestro hombre exterior (las obras de la carne) sea crucificado, daremos frutos cada vez más abundantes para vida eterna. Porque entonces se fortalecerá nuestra vida espiritual y las obras de maldad serán rápidamente descubiertas y sujetas por el Espíritu de Dios en nosotros.

Dios nos ofrece vivir el mismo nivel de vida que Jesús por el poder de la Palabra y por la obra regeneradora del Espíritu Santo, para que caminemos con el Padre por la vida con la manifestación de su poder.

Usted debe decidir cómo ha de vivir, porque las consecuencias de su decisión permanecerán siempre.

El quinto aspecto de la conquista del creyente sano es: Contemplar el rostro de Jesús y vivir en su presencia. Esto no significa que debemos vivir en otra dimensión mental o mística. Significa que debemos vivir con una continua conciencia de que no vivimos separados o alejados de Cristo. Que todo lo que hacemos, decimos y pensamos, es en su presencia, bajo la mirada de sus ojos.

El hijo contemplaba al Padre y el Padre contemplaba al Hijo

El rostro del Padre siempre estaba delante del rostro del Hijo, y el del Hijo siempre estaba delante del Padre. El propósito de la comunión entre el Hijo y el Padre era contemplarse mutuamente sin interrupción. ¿Cómo se contemplaban? La misma relación amorosa entre el Padre y el Hijo los envolvía en una experiencia de unidad, de entrega y de amor santo. El Hijo amaba al Padre y el Padre amaba al Hijo. El Hijo oía al Padre y el Padre oía al Hijo. El Hijo hablaba con el Padre y el Padre hablaba con el Hijo.

CAMINAR CON DIOS NOS ALEJARÁ DE NOSOTROS PARA ACERCARNOS A ÉL

La primera conquista de los hijos es: **Una relación vital y deleitosa con nuestro Padre.**

La primera conquista que el creyente sano hereda es *una relación íntima, abierta, a cara descubierta con Dios.* Todo creyente, aunque esté herido tiene una relación con Dios. Sin embargo, debido a su herida, no puede alcanzar intimidad con Él. Las heridas del alma se interponen entre nuestro rostro y el rostro de Dios. Las heridas se transforman en el centro de nuestra oración, en el grito de nuestra alma dolorida. Porque las heridas del alma no nos permiten contemplar a Dios.

En una conversación de amigos, un pastor comentaba sobre cuántas personas pasan al altar envueltos en llanto. Este pastor amigo me preguntaba si esas lágrimas eran señal de un toque del Espíritu Santo en sus vidas o simplemente dolor. Llegamos a la conclusión de que en la mayoría de los casos, los que pasan al altar o piden ministración con lágrimas en sus ojos, son aquellos que están sufriendo el dolor de una herida en su alma. Como ministro del evangelio, veo diariamente a cientos de hombres y mujeres venir a recibir consuelo a nuestras iglesias debido a conflictos familiares, crisis en matrimonios, enfermedades y necesidades económicas. Cuando veo a tantos necesitados en el altar, entiendo que ellos no están interesados en conocer más a Dios, en cumplir con los propósitos del cielo en la tierra. Sino que su interés apunta a la solución de sus problemas, a la sanidad de sus cuerpos, a la liberación de la opresión en sus familias.

Quiero decirle que Dios desea darle liberación, sanidad y bendición. Y que la conquista de los hijos de Dios va mucho más allá de una bendición, de un milagro, de una posesión de bienes.

Porque…

… En esa relación íntima, nada se interpone entre el Padre y sus hijos.

… En esa relación, el Padre habla y los hijos oyen.

… En esa relación, el Padre muestra sus propósitos y los hijos los ejecutan.

… En esa relación, el Padre ama y los hijos responden al amor del Padre sin acusaciones, sin complejos, sin culpas.

… En esa relación, la vida de Cristo fluye sin interrupción en la vida de los hijos de Dios.

… En esa relación, la vida, la sabiduría, la justificación, la santificación y la redención de Cristo se manifiestan para que el mundo contemple cómo se comportan los hijos y las hijas de Dios.

Si no tenemos una relación íntima con Dios, la vida de Dios no se manifestará plenamente en nuestra vida cotidiana. Sin una relación íntima con el Padre, no oiremos sus palabras, no contemplaremos las obras que Él desea hacer a través de nuestras vidas, no hablaremos lo que Él desea declarar a través de nuestros labios, no veremos el reino de Dios manifestado en la tierra, ni en nuestras vidas. Seguiremos tratando de conquistar una bendición, un milagro, la solución de nuestros conflictos.

Cristo vino para que tengamos vida y vida en abundancia. El Hijo de Dios no se hizo carne, vivió sin pecado y ofreció su vida en la cruz para que solamente seamos libres de nuestros problemas.

Cristo no murió en la cruz para que solamente recibamos sanidad o liberación de los problemas financieros. Sino que su vida sin pecado, su muerte y resurrección tuvieron el propósito de restablecer la relación quebrantada entre Dios y los hombres. Cuando esta relación es restaurada, lo demás viene por añadidura.

La segunda conquista es el fruto de esa relación: **Paz y gozo aun en medio de necesidades y conflictos**.

Dios introdujo a Israel en la tierra de Canaán para que vivieran en seguridad, prosperidad y gozo. Israel vivía seguro, próspero y alegre cuando su relación con Jehová era saludable. Cuando esa relación se interrumpía, se perdía el gozo y la seguridad. Cuando se cortaba esa relación debido a la desobediencia, no había paz en la nación.

La seguridad, el gozo y la paz de Israel no estaban basados en la ausencia de enemigos. Su certeza de vivir confiados no dependía de la derrota de las naciones que rodeaban su territorio. Sino que estaba apoyada en que Jehová habitaba en medio de ellos. La paz de la nación de Israel estaba directamente relacionada con la paz que recibían por su relación con Dios. Si no había paz con Jehová, tampoco había paz con los enemigos. Cuando Israel complacía a Dios, y estaba en paz (en obediencia), no importaba que los enemigos se levantaran porque por causa de Dios, siempre vencía.

Cuando nuestra relación con nuestro Padre se interrumpe, perdemos la paz, la seguridad y el gozo. Por eso hago énfasis en nuestra relación con Dios; porque Él es el centro de nuestra vida. ¡Jesús soportó el rechazo, la vergüenza y el sufrimiento de la cruz porque su fortaleza provino de su comunión perfecta (en todo tiempo y circunstancia) con su Padre!

Veamos Hebreos 12.2: «Puestos los ojos en Jesús, el autor y consumador de la fe, el cual por el gozo puesto delante de él sufrió la cruz, menospreciando el oprobio, y se sentó a la diestra del trono de Dios».

Este pasaje nos declara una verdad impactante: Aunque Jesús sufrió la cruz, su atención no estaba en su agonía, sino en la corona; no en el padecimiento, sino en la recompensa. Porque el gozo del Padre estaba puesto delante de Él, capacitándolo para agradarle a través de su obediencia; obteniendo así la tan esperada reconciliación del hombre con Dios y la victoria sobre el pecado.

La obediencia a la voluntad del Padre, no sólo fue el motivo de su entrega en la cruz, sino que su gozo fue completo por ser el medio para el milagro tan esperado por Dios para la humanidad. Gozo que mantuvo a Jesús en la cruz y lo fortaleció para soportar los dolores más cruentos que un ser humano pueda sufrir.

¿Por qué pudo soportarlo? Porque al contemplar la soberanía del Padre, recibió las fuerzas del Padre para poder resistir y vencer. Jesús pudo ordenar que millares de ángeles lo libraran, pero conocía bien quién era y cuánto poseía en Dios.

- Cuando nuestra relación con Dios es íntima y madura, podemos atravesar cualquier crisis; porque sabemos que Dios está con nosotros. Y que obrará a través de nosotros.

- Cuando nuestra relación con Dios es íntima y sin barreras, no nos preocupamos por los enemigos que nos rodean. Sí, nos aseguraremos que el Padre declare que estamos viviendo para su deleite.

- Cuando nuestra relación con Dios sea íntima y madura, nuestro mayor deseo será complacer a nuestro Padre, obedeciendo sus propósitos y honrándolo con nuestra vida.

- Cuando nuestra relación con Dios sea íntima y madura, daremos gracias porque entenderemos y veremos los caminos preparados por el Padre aun en medio del dolor.

- Cuando nuestra relación con Dios sea íntima y madura, buscaremos la presencia de Dios más que la solución de nuestros problemas. Buscaremos el rostro de Dios más que sus manos. Buscaremos bendecir a Dios más que su bendición para nosotros.

- Cuando nuestra relación con Dios sea íntima y madura, Él será nuestro gozo y nuestra fortaleza.

- Cuando nuestra relación con Dios sea íntima y madura, nuestros enemigos serán derrotados. Las enfermedades, los conflictos, las imposibilidades y los estorbos serán conquistados. El mundo verá testimonios y creerá que nuestra fe es sólida y confiable.

En el próximo capítulo conoceremos la historia de un hombre de Dios que, dejándose cautivar por sus impulsos humanos, le dio la espalda a aquel que siempre lo amó, ayudó, sostuvo y levantó; a Jehová Dios. Conoceremos cómo actúa el poder de la gracia a favor de todo corazón que se atreve a levantarse de cualquier circunstancia de oscuridad para tomarse nuevamente de la mano de su Hacedor, para volverse a su Creador.

CAPÍTULO 4

EL ALTAR DE LA GRACIA

～∽∽～

E l salmo 30 fue escrito por el rey David para ser cantado durante la ceremonia de la dedicación de «la casa de Dios», del templo de Jerusalén. Dado que para el tiempo de la inauguración del templo que Salomón construiría, el rey ya habría fallecido, este salmo fue cantado entonces en la dedicación del terreno del templo.

Pues, el mismo David dedicó el terreno a Dios, el monte, donde se iba a edificar la «casa de Jehová».

En este salmo, cantado con la congregación en el monte del templo, David expresa varias verdades.

David agradece a Dios por la sanidad de una grave enfermedad.

> «Jehová Dios mío, a ti clamé, y me sanaste. Oh Jehová, hiciste subir mi alma del Seol; me diste vida, para que no descendiese a la sepultura» (vv. 2-3).

Es obvio que la enfermedad de David era grave, mortal. Pero Dios lo sanó.

David hace memoria de su sanidad en este terreno, durante la dedicación.

«Cantad a Jehová, vosotros sus santos, y celebrad la memoria de su santidad» (v. 4).

Aquí el rey está dando una orden a todos los que estaban participando en la dedicación. David estaba instruyendo al pueblo presente a celebrar en el «memorial» de su santidad. ¿Qué es un memorial? En nuestros pueblos y ciudades comúnmente vemos monumentos honrando a los fundadores o héroes de la patria. Los monumentos evocan memorias de la historia y reciben el nombre justamente de «memoriales».

El rey David estaba alabando a Dios por su sanidad delante de un «memorial», delante de un monumento a la santidad de Dios. Aquel terreno era para David un «memorial», el lugar de los recuerdos de su sanidad y rescate de su destrucción. Lugar, en particular, sumamente especial para él.

En este capítulo contaré el relato de la sanidad y la restauración de David, después de que cometió el pecado más importante, la falla más seria de su vida. Muchos piensan que el pecado más sobresaliente del rey David fue su relación adúltera con Betsabé, porque este grave pecado condujo a David a cometer homicidio. ¿Recuerda lo que pasó? Betsabé era una mujer casada con Urías, un soldado del ejército del rey. Soldado valiente y totalmente leal al rey. Sin embargo, David, abusando de su poder y autoridad, mandó a poner a Urías en el mismo frente de batalla, en el lugar más peligroso. Quedando entonces, Betsabé libre al quedar viuda para unirse al rey.

Es verdad que David pecó al premeditar, ordenar y ejecutar la muerte de un hombre inocente, para luego tomar esa mujer para él.

Pero… ese pecado no fue el más grave en la vida del rey…

Su peor pecado está relatado en estos dos pasajes: 1 Crónicas 21 y 2 Samuel 24. En estos relatos, «David decide tomar un censo en Israel».

«Y dijo David a Joab y a los príncipes del pueblo: Id, haced censo de Israel desde Beerseba hasta Dan, e informadme sobre el número de ellos para que yo lo sepa» (1 Crónicas 21.2).

Cuando los líderes de Israel recibieron la orden del rey, se preocuparon. Porque tomar un censo para contar o «tener el número» de los habitantes de Israel era pecado delante de los ojos de Dios. Por eso Joab apela al rey avisándole que el censo sería «pecado» para Israel (v. 3).

¿Por qué era pecado tomar un censo en Israel? ¿Por qué era pecado saber el número de hombres y mujeres en Israel? ¡Porque Dios ya había determinado el número!

«Y haré tu descendencia como el polvo de la tierra; que si alguno puede contar el polvo de la tierra, también tu descendencia será contada» (Génesis 13.16).

Dios había prometido a Abraham una nación tan grande que no podría ser contada. El número del pueblo de Israel estaba en la mente de Dios. Israel debía confiar en Él. En el libro de Éxodo, Moisés tomó un censo para que cada familia ofrendara para la edificación del tabernáculo y Dios no se airó. Por lo tanto, el propósito del censo era lo importante para Dios.

En el caso de David, sabemos que el rey tenía un motivo oculto. El censo no iba contra la ley de Dios, pero sí la motivación del rey para hacerlo. Lo malo de este censo fue la causa que lo movió a ejecutarlo por su propia cuenta, su orgullo.

El rey David quiso conocer la magnitud del número de israelitas para vanagloriarse por el tamaño de su reino. Olvidándose que su verdadera fuerza y poder provenían de Dios. Su confianza estaba siendo puesta en el número de su ejército y no en el brazo fuerte de Jehová Dios.

¡Un acto que en sí no es malo, puede llegar a ser un pecado si lo motiva la codicia, la arrogancia o el egoísmo!

EL HOMBRE CUANDO NO TIENE, NO ES O NO PUEDE; CLAMA Y SE ENTREGA, HASTA QUE ES, TIENE Y PUEDE

Estamos hablando del mismo David que se enfrentó, tiempo atrás, al gigante Goliat sin armadura, sin armas; simplemente en el nombre de Jehová de los ejércitos. Y en el Salmo 30.6, David confiesa:

«En mi prosperidad dije yo: No seré jamás conmovido, porque tú, Jehová, con tu favor me afirmaste como monte fuerte. Escondiste tu rostro, fui turbado».

Después de muchos años de prosperidad, de bendición, David se olvidó de confiar en su Dios. En sus años de prosperidad pensó que Dios soportaría sus fallas porque lo estaba bendiciendo y afirmando. Porque Dios lo había elegido y ungido para ser rey de Israel… Porque Dios lo había establecido en el trono y le había dado victoria contra todos sus enemigos…

¿Qué motivaciones oscuras acariciaba David en su corazón? ¿Qué buscaba el rey en los números del censo?

«Mas la orden del rey pudo más que Joab. Salió, por tanto, Joab, y recorrió todo Israel, y volvió a Jerusalén y dio la cuenta del número del pueblo de David. Y había en todo Israel un millón cien mil que sacaban espada, y de Judá cuatrocientos setenta mil hombres que sacaban espada» (1 Crónicas 21.4-5).

David buscaba alabar su soberbia en la fuerza de su ejército, aceptando todo el mérito por sus victorias al contar con un pueblo tan grande. Inmediatamente Dios envió al profeta Gad con un mensaje:

«Y viniendo Gad a David, le dijo: Así ha dicho Jehová: Escoge para ti: o tres años de hambre, o por tres meses ser derrotado delante de tus enemigos con la espada de tus adversarios, o por tres días la espada de Jehová, esto es, la peste en la tierra, y que el ángel de Jehová haga destrucción en todos los términos de Israel. Mira, pues, qué responderé al que me ha enviado» (1 Crónicas 21.11-12).

Entonces David escogió el tercer juicio: «ser juzgado directamente por la espada de Jehová». Él prefería caer en las manos de Dios que es justa y misericordiosa, que en manos del hombre. Y Dios manifestó su ira en un momento. En el salmo 30, David lo explica así:

«Porque un momento será su ira, pero su favor dura toda la vida. Por la noche durará el lloro, y a la mañana vendrá la alegría» (v. 5).

El celo de Jehová se derramó sobre todo el pueblo. David se había arrepentido, pero debía pagar las consecuencias de su pecado. Dios no sólo manifestó su ira, sino que le escondió su rostro, le escondió su presencia a David. El Padre amoroso estaba disciplinando a su hijo con la seriedad que el tema requería, por eso en el versículo 7, David quebrantado, confiesa que sin la presencia de Dios, quedó turbado, confundido.

Entonces Dios envió una peste a Israel y setenta mil varones murieron. En el Salmo 30 vemos cómo David también es afectado, golpeado por una enfermedad de muerte. Después de esta gran mortandad en el interior de Israel, el ángel de Jehová, la manifestación de Jesús en el Antiguo Testamento, iba camino a Jerusalén para destruirla. Camino a ella la Biblia nos relata que el ángel de Jehová «se arrepintió» junto a la era (propiedad, terreno) de Ornán, el jebuseo, un hombre rico que se había convertido para adorar a Dios. El arrepentimiento de David y sus oraciones de súplica y perdón provocaron que Dios detuviera el gran mal.

Desde lejos, David vio al ángel de Jehová y corrió a él. Allí el rey con los ancianos vestidos de luto se postraron delante del ángel de Jehová, que estaba entre el cielo y la tierra con una espada desenvainada.

«Y dijo David a Dios: ¿No soy yo el que hizo contar al pueblo? Yo mismo soy el que pequé, y ciertamente he hecho mal; pero estas ovejas, ¿qué han hecho? Jehová Dios mío, sea ahora tu mano contra mí, y contra la casa de mi padre, y no venga la peste sobre tu pueblo» (v. 7).

En el terreno de Ornán, delante del ángel de Jehová, David confesó su pecado. Inmediatamente el ángel de Jehová dio una orden para David:

«Y el ángel de Jehová ordenó a Gad [el profeta] que dijese a David que subiese y construyese un altar a Jehová en la era [terreno] de Ornán jebuseo» (v. 18).

¿Sabe?, en mi primera visita a Jerusalén conocí el lugar más impactante para todo creyente: el monte Calvario o monte de la Calavera. Este monte es la parte final (ubicado al pie) del monte Moriah. Monte cuya cima no termina en punta, sino que es como una elevación alargada. El Moriah se encuentra entre el monte Sion y el monte de los Olivos. Moriah, es el mismo monte Gólgota.

Allí, dos mil años atrás, Dios levantó un altar…

Allí, el Padre levantó una cruz y el Cordero de Dios fue sacrificado por nuestros pecados…

Allí, en el monte Moriah, nuestros pecados fueron perdonados y nuestras heridas sanadas…

¿Recuerda? En el monte Moriah, Abraham presentó a su hijo y Dios le prometió…

«Y dijo: Por mí mismo he jurado, dice Jehová, que por cuanto has hecho esto, y no me has rehusado tu hijo, tu único hijo; de cierto te bendeciré, y multiplicaré tu descendencia como las estrellas del cielo y como la arena que está a la orilla del mar; y tu descendencia poseerá las puertas de sus enemigos. En tu simiente serán benditas todas las naciones de la tierra, por cuanto obedeciste a mi voz» (Génesis 22.16).

Por el sacrificio de fe de Abraham, Dios lo bendijo a él y a toda su descendencia.

Por el sacrificio de Abraham, Dios bendijo a David mil años después y perdonó su pecado.

Por el sacrificio de Abraham, Dios prometió que su descendencia poseería las puertas de sus enemigos. ¡Dios prometió una conquista!

El lugar donde el ángel de Jehová se posó con una espada desnuda, fue el mismo donde Dios le pidió a David que le construyese un altar para hacer expiación por sus pecados, a favor del pueblo.

Además, fue donde Abraham se preparó para ofrecer a Isaac como sacrificio.

EL MONTE DE DIOS, UN LUGAR DE PROVISIÓN DIVINA

Y por el sacrificio de David, Dios le prometió:

«Además, yo fijaré lugar a mi pueblo Israel y lo plantaré, para que habite en su lugar y nunca más sea removido, ni los inicuos le aflijan más, como al principio, desde el día en que puse jueces sobre mi pueblo Israel; y a ti te daré descanso de todos tus enemigos. Asimismo Jehová te hace saber que él te hará casa. Y cuando tus días sean cumplidos, y duermas con tus padres, yo levantaré después de ti a uno de tu linaje, el cual procederá de tus entrañas, y afirmaré su reino. Él edificará casa a mi nombre, y yo afirmaré para siempre el trono de su reino. Y será afirmada tu casa y tu reino para siempre delante de tu rostro, y tu trono será estable eternamente» (2 Samuel 7.10 y 16).

Como si todo eso fuera poco, este mismo lugar —el monte Moriah—, se convirtió en el sitio donde la casa de Jehová Dios y el altar del holocausto se construyeron; en la era de Ornán.

Aquí fue donde el templo de Jerusalén se edificó a través de Salomón; además, Dios confirmó y estableció una promesa poderosa: «un trono estable eternamente». El Hijo de David, el Hijo de Dios, Jesucristo, reinará eternamente. Porque un día, Jesús el Rey de los cielos descenderá y entrará por la puerta dorada, en el monte Moriah.

Jesús, el Mesías, se sentará sobre el trono de su padre David y reinará sobre toda la tierra.

Jesús, el Rey de las naciones establecerá su trono en el mismo monte donde Abraham edificó el altar para Isaac, en el cual David edificó el altar del arrepentimiento y en el que, además, Jesús derramó su sangre para redimir nuestros pecados. ¡Qué lugar tan especial, tan simbólico!

Ese terreno era un memorial de la fidelidad de Dios.

Contenía memorias de momentos muy importantes, con trascendencias generacionales. Lugar que traía memorias a David de su pecado pero también del perdón de Dios. Allí, el ángel de Jehová recibió la ofrenda del holocausto y detuvo la pestilencia. El ángel sanó a David y fue cambiado su lamento en baile, su cilicio en manto de alegría. En el altar de Dios, en la era de Ornán, respondió Dios del cielo con fuego. Allí fue donde David decidió construir el templo de Jerusalén.

Ese terreno era un memorial de la santidad de Dios.

Allí David confesó su pecado más grave y le edificó a Dios una casa que fue llena de su gloria. Solamente Dios puede tomar una vida con pecados graves, sanarla y transformarla en una vida llena de gloria.

Pero vea qué sucedió después de eso. En el segundo libro de Crónicas, la Biblia dice:

«Comenzó Salomón a edificar la casa de Jehová en Jerusalén, en el monte Moriah, que había sido mostrado a David su padre, en el lugar que David había preparado en la era de Ornán jebuseo» (2 Crónicas 3.1).

Salomón, el hijo de David, comenzó y completó la edificación del templo de Jerusalén en el monte Moriah. Lugar del sacrificio, de la provisión, del perdón, de la redención, de la restauración, de la revelación, de la santidad, de la edificación.

En ese altar se apareció el mismo ángel de Jehová y allí Abraham recibió la revelación de uno de los nombres de Jehová: «Jehová Jireh». Este nombre significa: «Jehová será visto». En otras palabras, ¡Dios declaró en ese monte que un día sería visto! ¡Y así ocurrió! Jehová fue visto cuando perdonó a David de su pecado, respondiendo del cielo con fuego y luego llenó el templo con toda su gloria.

El arca del pacto, el trono de la gloria de Jehová, descansó en el lugar santísimo del templo, en el mismo centro del monte Moriah. El aposento alto, lugar donde los ciento veinte estaban reunidos esperando la venida del Espíritu Santo, está sobre el mismo monte. Allí Dios respondió desde el cielo con fuego. En el mismo monte, el Espíritu Santo fue derramado sobre la iglesia y Dios prometió:

> «Y en los postreros días, dice Dios, derramaré de mi Espíritu sobre toda carne. Y vuestros hijos y vuestras hijas profetizarán; vuestros jóvenes verán visiones, y vuestros ancianos soñarán sueños; y de cierto sobre mis siervos y sobre mis siervas en aquellos días derramaré de mi Espíritu, y profetizarán. Y todo aquel que invocare el nombre del Señor, será salvo» (Hechos 2.17-18, 21).

En este capítulo mostré cómo Dios siempre hizo provisión para el perdón y restauración de nuestros pecados. Allí, en el mismo lugar geográfico, Dios siempre tuvo un altar para perdonar, para sanar, para restaurar y para dar victoria. En ese altar, Dios restauró la comunión con el hombre. ¡Esa es la conquista más grande que puede hacer el hombre; una relación íntima con Dios, oyendo su voz y contemplando su corazón.

En el altar de Dios, Abraham recibió la revelación del Cordero de Dios que quita el pecado del mundo. Allí, el patriarca, vio la provisión del sacrificio, a un cordero macho en lugar de su hijo Isaac. Por eso, Abraham llamó a ese monte: «Jehová proveerá». En el altar de Dios, el monte de Moriah, el monte del templo, el monte Calvario... Dios proveerá para que su herida sea sanada y para que su vida sea bendecida abundantemente, conquistando a todos sus enemigos.

EL MONTE DE DIOS, UN ENCUENTRO CON EL ALTÍSIMO

El apóstol Pablo tuvo una visión muy clara del triunfo de Cristo en el monte de Jehová, el Calvario.
Colosenses 2.13-15:

> «Y a vosotros, estando muertos en pecados y en la circun-
> cisión de vuestra carne, os dio vida juntamente con él, per-
> donándoos todos los pecados, anulando el acta de los
> decretos que había contra nosotros, que nos era contraria,
> quitándola de en medio y clavándola en la cruz, y despo-
> jando a los principados y a las potestades, los exhibió públi-
> camente, triunfando sobre ellos en la cruz».

En el monte de Jehová, Jesús quitó lo que impedía que tuviéramos una relación íntima con nuestro Padre. Él anulo el acta de los pecados que nos acusaba y la clavó en la cruz de madera que se levantó en el monte.

En el monte de Jehová, fuimos libres y nuestros enemigos fueron avergonzados públicamente. El camino a una relación íntima con nuestro Padre fue abierto. Jesús desea manifestarse, Él desea mostrarse.

El primer principio para una relación íntima con nuestro Padre comienza cuando conocemos cuál es nuestra identidad en Cristo.

Nuestra identidad está basada en cómo nos definimos a nosotros mismos. Nuestra identidad (la imagen de sí mismo) se nutre de fuentes que contribuyen negativa o positivamente. Las imágenes y los sentimientos acerca de nosotros mismos vienen en gran parte de las imágenes y sentimientos que vemos reflejados en cada persona de nuestra familia o lo que expresan cuando los observamos, por su tono de voz y acciones.

Cada uno de estos factores no sólo nos dicen quiénes somos, sino también lo que llegaremos a ser. Y a medida que esos mensajes pasan a ser parte de nosotros mismos, tomamos la forma que vemos en el espejo de la familia.

Cuando la estimación propia (la autoimagen) es deficiente, por lo general nos encontramos bajo un sentimiento de continua desaprobación. Es por eso que nos sentimos insatisfechos con nosotros mismos y con lo que hacemos. Sin darnos cuenta que dependemos, para sentirnos bien, de la aprobación de los demás. ¡Si la gente nos aprecia o aprueba lo que hacemos, entonces nos consideramos exitosos, valiosos!

Dios no acepta que sus hijos vivan estimulados con comportamientos tan desgastantes y destructivos como vivir dependiendo de la aprobación humana porque están fundamentados en la complacencia del hombre.

Nosotros somos personas de valor por lo que Dios dice de nosotros, como nuestro Creador y Padre celestial, en su Palabra. Si usted, no se siente valorado o amado por Dios, no podrá tener una relación íntima con el Padre, ¡la conquista más importante de los hijos e hijas de Dios!

Y para ello lo primero que debemos hacer es dejar de usar mal nuestras fuerzas, sentimientos y voluntad, y comencemos a colaborar con el Espíritu Santo para que nuestra identidad (autoimagen) en Jesucristo comience a ser libre de los falsos debes, libre de la adicción a la aprobación y desaprobación, culpas, complejos, temores e inseguridades; por sobre todo, de toda falsa personalidad o imagen que proyectamos ocultando nuestra realidad.

La verdadera intimidad con el Padre no está basada en cuanto podemos hacer o cuanto podemos producir para el reino de Dios. Muchas veces, he oído la voz del Padre diciéndome: «*David, no quiero que te sientas exitoso por la aprobación de los que te oyen en tus predicaciones. No quiero que te sientas importante porque te va bien en tu hogar o en tus proyectos. Yo quiero que te sientas gozoso, victorioso y valorado por lo que Yo digo acerca de ti*». He aprendido que soy valioso para Dios porque Él me ama con amor perfecto... Que soy valioso para Dios porque he abierto mi espíritu por fe a Jesucristo... Que soy valioso para Dios porque estoy caminando en mansedumbre y honestidad delante de su presencia.

Este fue el pecado de David. Él se sintió próspero y exitoso porque todo le iba muy bien en su gobierno, en la nación de Israel. Pero David se olvidó que su prosperidad provenía de Jehová, no de la estabilidad del reino de Israel. Entonces Dios lo llevó al altar del monte Moriah y allí reestableció su relación con él. Fue allí, donde David pudo experimentar el amor, el perdón y la restauración de Dios. En el mismo monte, en el de la crucifixión, nosotros también podemos reestablecer nuestra relación con nuestro Padre, al ver el precio que pagó por amor para que pudiéramos ser sus hijos e hijas.

El segundo principio de una relación íntima con el Padre está basado en nuestra reacción a su amor.

Para Dios no es más importante lo que hacemos para Él que cómo recibimos lo que Él dice de nosotros, cómo lo aplicamos a nuestras vidas y cómo le respondemos. Dios nos da una identidad como hijos amados y quiere ver cómo vamos a responder, cómo nos acercaremos a Él para relacionarnos en intimidad. Quiere ver si respondemos en mansedumbre y si vivimos una vida obediente a todo lo que nos habla y muestra. ¡Dios nos ama! Pero, ¿amamos nosotros a Dios?

¡Sus heridas del pasado posiblemente le lleven a pensar que Dios está enojado con usted! ¡Sus ideas religiosas y pecaminosas lo pueden llevar a pensar que no es suficientemente digno para acercarse a Él!

Posiblemente haya oído una voz en su interior que dice que usted es indigno, que su vida es deshonrosa delante de Dios. Muchos han oído voces que les dicen que han fallado, que han fracasado, que no han tenido éxito en sus relaciones familiares, en los negocios, etc. A todo esto, usted debe decir lo que dijo Jesús: ¡ESCRITO ESTÁ!

Aférrese a esta Palabra:

«Como el Padre me ha amado, así también yo os he amado; permaneced en mi amor» (Juan 15.9).

Y confiese: ¡Está escrito que Jesús me ama como su Padre lo ama! ¡Está escrito que su amor es para siempre, eterno!

¡Me has coronado con gloria y honra y me has puesto sobre las obras de tus manos! (Hebreos 2.7)

¡Soy sumamente valioso y apreciado ante sus ojos! ¡ESTÁ ESCRITO!

¡Esta es la reacción de un hijo de Dios! Pelea, resiste las mentiras de la mente y del enemigo. Desarrolla su relación con el Padre porque sabe lo que este ha dicho acerca de él. Desarrolla su relación con el Padre porque entiende el valor del sacrificio de Jesús en el monte Moriah.

El hombre no necesita un Dios para ser feliz, necesita al Padre para estar completo

¡Usted no tiene que aspirar a ser sano del pasado solamente! Usted puede tener una relación presente, plena y profunda con Jesús, oyendo su voz, contemplando todo lo que está ejecutando en su trono, para su vida, para su familia, su ciudad y su nación.

Todo aquel que tiene una relación íntima con Dios, vive con gozo y satisfacción aun a través de los conflictos y las crisis de la vida. Todo aquel que tiene una relación íntima con Dios es un testimonio público de la gracia y de la realidad divina.

Después de esta experiencia de perdón y restauración, David cambió para el resto de su vida. Se dedicó a preparar todos los materiales y los recursos para la edificación del templo. La Biblia dice que David terminó su vida en buena vejez, lleno de días, de riquezas y de gloria. El que tiene una relación íntima con el Padre en el presente, tendrá una visión clara para su futuro.

El Dios de Moriah, el Dios del monte de la provisión, está listo para hacer lo mismo en su vida. Él quiere perdonar sus rebeliones. Él quiere sanar sus heridas. Él quiere purificar su corazón con el fuego de su presencia. Quiere darle victoria sobre todo lo que lo aleje de su Padre Dios, todo lo que lo aparte de su relación íntima.

¿Qué debe hacer usted?

1. Reconozca la necesidad de una relación íntima con Él

No ponga excusas. No justifique su falta de intimidad con el Padre. No se engañe a sí mismo. Admítalo con humildad, con honestidad delante de Dios. David confió en su ejército. ¿En qué confía usted? ¿Ha confiado en su propia sabiduría? ¿Confía en su propia habilidad, religión o buenas obras? Si no confía en Dios, ¡admítalo! La reacción más importante hacia el amor de Dios es cuando respondemos con humildad, mansedumbre y obediencia. Hable la verdad, escúchela al confesarla al Padre y permita que ella misma le ministre. La verdad de Dios actúa cuando al creer en ella nos proponemos destruir toda mentira.

2. Espere una instrucción en la presencia de Dios

Dios le dirá qué debe sacrificar porque en un altar algo debe morir. Siempre hay algo que lo aparta de Dios. Puede ser una actitud, alguna actividad, alguna cosa o persona. Sea lo que sea, Dios se lo mostrará. Luego, en la presencia de Él, abandone lo que impide que tenga esa relación íntima que Jesús compró con su preciosa sangre.

Aquí está el paso más importante. Dios hizo todo de su parte para reestablecer la relación con nosotros. Ahora usted debe responder. ¡Responda a un Dios de amor que lo dio todo para que seamos más que vencedores en Cristo Jesús!

3. Comparta con alguien de confianza acerca del paso que ha dado

Cuando usted comparte un testimonio con alguien de confianza, lo declara con su boca y se hace también responsable delante de otro creyente, logrará que se produzcan cambios en su vida. Busque a otro creyente al cual le podrá rendir cuentas. Confiésele los obstáculos que no le permiten una relación íntima con Dios y testifique acerca de los cambios que haya estado experimentando.

4. Tome tiempo cada día para oír la voz de Dios

Separe un lugar en su casa, busque un lugar privado para tener un encuentro con la voz de Dios. No hable mucho… no presente su lista de necesidades. Simplemente siéntese en una silla cómoda, recuéstese y ponga todos sus pensamientos en el Señor. Si puede, oiga música de adoración para que su alma se aquiete y se concentre en las maravillas de Dios. Jesús prometió que se manifestaría en usted. Descanse y espere porque Él le hablará. No se sorprenda si no le habla acerca de cosas o proyectos por lograr. Esto se lo puedo asegurar, Él le hablara acerca de su corazón, acerca de su reacción a la voz el Espíritu Santo.

5. Mantenga sus ojos y su corazón sensibles para ver a Dios obrar

Cada día verá cómo Dios estará mostrándose, obrando y hablando a su vida. Muchas veces lo hará a través de personas, oportunidades y situaciones. Es importante que, por todo, tenga un corazón agradecido. No ignorando nada. Tenga siempre una actitud de expectativa, esperando ver a Dios manifestando su dirección, su voluntad en su vida. Pregúntese: *¿Eres tú, Señor? ¿Me estás mostrando algo, Señor?* Seamos como el niño Samuel y diga: «¡Habla que tu siervo oye!»

6. Mantenga un corazón agradecido

Agradezca al Señor en todo. Agradézcale hasta en las situaciones difíciles. Dios le hablará a través de las dificultades y se mostrará como el Dios que provee.

7. Testifique públicamente

David prometió que nunca callaría. Usted también. Cuando tenga oportunidad, comparta con otros lo que el Señor le está hablando, le está mostrando. Usted verá que cuando testifica, la vida de Dios multiplica en usted todo lo que Él está depositando en su corazón.

8. Mantenga un diario privado

Escriba en un diario privado todo lo que esté recibiendo de Dios, sea claro o no. Escríbalo y después lea y medite al respecto. Así podrá también seguir la secuencia de lo que Dios le está dando. Cuando Dios habla en parte, es importante escribirlo. Luego de un tiempo podremos entender la totalidad de lo que Dios quiere comunicarnos.

Escriba lo que oiga en su corazón. Es triste pero nos olvidamos de la mayoría de lo que Dios nos habla. Pero si lo escribimos, podremos hacer memoria.

En el monte de Jehová hay provisión perfecta para que su lamento se transforme en baile, su luto en alegría; y usted también cante.

«Por tanto, a ti cantaré, gloria mía, y no estaré callado. Jehová Dios mío, te alabaré para siempre» (Salmo 30.12).

¡Querido hijo e hija de Dios, subamos al monte de la provisión, de la transfiguración, del encuentro y de la restauración!

Subamos al monte de nuestro Padre Dios, allí hay sanidad, restitución, refrigerio y seguridad, de manera que podamos despojarnos de todo aquello que nos impida vivir cada día como conquistadores de la realidad más importante entre Dios y el hombre: una relación íntima, fresca y eterna.

En el altar de Dios, en el lugar secreto, tendremos una relación de corazón a corazón, sin obstáculos, donde la paz y el gozo marcarán nuestro espíritu con cada revelación que nuestro Padre nos muestre. El mundo verá a través de nuestro testimonio a Dios, como a un Padre que se revela, ama y se manifiesta a través de corazones rendidos.

En el próximo capítulo conoceremos el propósito de la sanidad de Dios para nuestras vidas. Los efectos y consecuencias que viven aquellos que han estado cautivos y la bendición de los que han salido del yugo de esclavitud que produce el no poder perdonar a otros o perdonarse a sí mismo.

CAPÍTULO 5

LOS SEIS PASOS A LA SANIDAD

⁓ᘒᘒᘒ⁓

En este capítulo compartiré una experiencia personal que hace varios años viví y que hirió mi corazón profundamente. Sé cuánto puede doler estar herido, pero también cuánto se madura a través de la sanidad de Dios en nuestras emociones.

¡Puedo hablar de esta realidad porque mi corazón ha sido sanado!

> *Después de trabajar muchos años en un ministerio cristiano, tuve que dejarlo. Allí invertí quince años de mi vida, dejé los mejores años de mi juventud, de mis fuerzas, mis talentos y de mi ministerio. Fue como mi segundo hogar, durante todos esos años cada rincón, cada persona y cada actividad fueron parte de mí. Cuando me retiré de aquel lugar, no se hizo una reunión de despedida, tampoco hubo reconocimientos; sólo silencio, indiferencia y veinticuatro horas para dejar vacía la oficina que ocupé.*
>
> *El 31 de diciembre de 1999 fue mi último día en la emisora de radio que vi nacer y prosperar. Profundamente me*

dolió irme en silencio, sin poderme despedir de mis compañe-
ros, amigos, ni siquiera darle un saludo a toda esa gente linda
que a diario me oía por las ondas radiales. Recuerdo salir del
edificio esa tarde y entrar a mi automóvil pensando acerca de
mi futuro incierto. No tenía respuestas, sí muchas preguntas,
dolor e impotencia. Después de tantos años de esfuerzo, pasión
y sacrificio, me sentí rechazado, despreciado y aplastado...
¡Mi frente había sido duramente herida!

Así culminaba aquel año, además de la notable ausencia
de mi esposa Denise, que se estaba ocupando de su madre gra-
vemente enferma de cáncer. Decidí entonces no hablar con
mis padres ni con mi familia para evitarles angustias y preo-
cupación.

¡La verdad es que callé, porque no quería que nadie viera
mi herida!

Los primeros días del año 2000 fueron muy sombríos y
deprimentes. Mi querida suegra, una poderosa mujer de Dios
pasó a la eternidad, a las mansiones celestiales; quedando mi
esposa Denise muy afectada por su gran apego a ella. Imagí-
nese, mi situación en aquel tiempo fue desesperante, sin traba-
jo, carecía de toda posibilidad para sustentar a mi familia y
los gastos básicos de todo hogar. Y, como si eso fuera poco, mi
repentina decisión de renunciar dio lugar para que algunos se
ocuparan de acusarme de haber salido de ese ministerio por-
que había extraído dinero, en otras palabras, ¡me fui con los
bolsillos llenos! La impotencia, el dolor y el quebranto fueron
mi pan diario, porque eso nunca fue verdad; pero si era veraz
que no tenía trabajo, ni dinero y debía pagar los gastos de mi
familia sin tener cómo hacerlo.

Los gastos del funeral y del entierro de mi suegra fueron
otra situación apremiante que tuve que enfrentar, pero Dios se
glorificó y proveyó milagrosamente a través de un grupo de
hombres, pastores de mi ciudad, que me rescataron. Entre ellos
levantaron una ofrenda generosa que nos bendijo grandemen-
te a mi familia y a mí durante esas primeras semanas de gran

necesidad. Dios había suplido, pero yo continuaba herido. ¡Mi corazón seguía sangrando!

Luego de cinco semanas de quietud, mucho quebranto y soledad, asistí a un compromiso ministerial; el pastor Salvador Sabino, que lidera una poderosa congregación en la Iglesia Visión Celestial, en el Bronx, me invitó a predicar. El dolor había dejado huellas en mí, de manera que abrumado por un gran sentimiento de vacío, de confusión, saliendo de mi casa esa noche me pregunté: ¿Cómo voy a predicar en esta iglesia cuando me siento tan débil, tan herido? Habían transcurrido varios minutos de camino cuando sentí que algo tocaba mi pierna… era un casete de predicación. Y el predicador era yo. Se titulaba: «Ven y sígueme», predicado tres años atrás. Yo nunca escucho mis predicaciones, pero decidí esa noche hacerlo porque necesitaba distraerme, ocupar mis pensamientos en otras cosas; no recordar.

El mensaje iba dirigido a las personas tristes y deprimidas, detallándoles los síntomas bajo esos estados emocionales. Y allí en mi automóvil, en una noche fría y difícil del mes de febrero del 2000, fui ministrado por la Palabra de Dios que yo mismo había predicado años atrás. Comprendí que la soberanía y el cuidado de Dios me habían revelado anticipadamente la temporada dolorosa que viviría luego.

*A través de ese mensaje, yo mismo me estaba predicando acerca de la diferencia que existe entre **creer** en Cristo y **seguirlo**. Remarcando la desigualdad que existe entre estas dos realidades; que **el creyente en Cristo, cree; sólo el discípulo sigue a Jesús.** Que la vida abnegada del discípulo hace la diferencia, porque es más que compromiso, es entrega total.*

Citaba el libro de Marcos 10.21 que dice: «Entonces Jesús, mirándole, le amó, y le dijo: Una cosa te falta: anda, vende todo lo que tienes, y dalo a los pobres, y tendrás tesoro en el cielo; y ven sígueme, tomando tu cruz». Enseñando aquí que el propósito del Maestro era comprobar si ese joven se sometería al señorío de Cristo sin importar lo que se exigiera de él. Sin embargo, rehusó a la vida eterna porque el precio del sacrificio era demasiado alto. ¡Porque amaba sus riquezas!

Que el llamado a un discípulo es muy directo y confrontativo: ¡Primero seguir a Jesús y luego tomar la cruz! Porque la cruz no es un instrumento de honra, sino de muerte. El discípulo es llamado a morir a todo.

Por eso Pedro lo expresó así, en Marcos 10.28: «Entonces Pedro comenzó a decirle: He aquí, nosotros lo hemos dejado todo, y te hemos seguido».

Afirmando aquí que los doce habían hecho lo que el Señor demandó al joven rico hacer. Verdaderamente los discípulos habían dejado todo: padre y madre, esposas e hijos, hermanos y hermanas por causa de Él y del evangelio. ¡Esa era su cruz… dejarlo todo!

Al oír esas palabras me sentí animado, identificado. Comprendí que yo estaba pasando por el proceso de un discípulo de Cristo. ¡Lo estaba dejando todo, y esa era mi cruz! De manera que, cuando llegué a la iglesia del Bronx, me sentí otro hombre; ese llamado me impactó, provocando una profunda convicción de que debía cargar con la cruz del discipulado, renunciando a toda honra, todo sacrificio, todo logro; con el fin de asirme de Jesús.

Transcurridos tres meses, aún continuaba hablando de cómo un discípulo debía cargar con su cruz, de cómo Jesús fue menospreciado y vituperado camino a la cruz. Y aunque me sentía mejor, la verdad es que sabía que la herida de mi corazón no había sido sanada. En la primera semana de mayo del año 2000, tuve la gran bendición de ministrar en la congregación de Ministerios Elim en Santo Domingo, República Dominicana. Al término de la primera conferencia, el pastor de esa congregación, mi amado hermano el apóstol Fernando Ortiz, me invitó a almorzar. En aquel restaurante chino, recuerdo, Fernando abrió la Biblia y me leyó un pasaje de las Escrituras; y me dijo: «Siento que debo leerte este pasaje porque hablas mucho de la cruz que cargas, de las heridas y la

vergüenza que sufre un discípulo de Cristo». Esa tarde ignora-
ba que recibiría la llave que cerraría cada una de mis heridas
abiertas.

Se trata del libro de Juan 20.19, que describe cuando Jesús
resucitado se les aparece a sus discípulos y les muestra sus manos
y su costado. Y que ellos, al reconocerlo, se regocijaron mucho;
pero como Tomás, uno de los doce, no se encontraba entre ellos
cuando Jesús vino, al enterarse, respondió esto:

*Juan 20.25: «…Él les dijo: **Si no viere** en sus manos la*
*señal de los clavos, y **metiere** mi dedo en el lugar de los clavos,*
*y **metiere** mi mano en su costado, no creeré».*

Pero nuevamente reunidos y con ellos Tomás, llegó Jesús.
Veamos lo que pasó en el versículo 27: «Luego dijo a Tomás:
Pon aquí tu dedo, y mira mis manos; y acerca tu mano, y
métela en mi costado; y no seas incrédulo, sino creyente».

¡Esta verdad desconocida aún para mí se transformó en mi
sanidad! ¿Sabe por qué Jesús pudo pedirle a Tomás que pusie-
ra su dedo en sus manos y en su costado? ¡Porque ya no tenía
heridas, sino señales! La herida del costado era profunda y
grande, pero ya no sangraba ¡porque estaba cerrada! ¡Las heri-
das de Cristo se convirtieron en una cicatriz; en señales para
el mundo!

UNA HERIDA SANADA ¡ES UNA SEÑAL!

Aquella tarde el velo fue quitado, recibí la comprensión completa de esa
verdad libertadora, poderosa. Es cierto que por cargar nuestra cruz
camino al «Gólgota», hacia la muerte del yo, sufriremos las heridas de
un discípulo; como el precio de ser crucificados y el menosprecio, entre
otras cosas, como consecuencia de haber escogido la determinación de
vivir para agradarle a Él y por Él.

Pero yo aún no proclamaba las señales del resucitado.

…¡Que las heridas de Cristo se transformaron en señales para el
mundo, quedando sólo cicatrices!

…¡Que luego de tres noches de muerte, en la tumba, Jesús resucitó sin heridas!

…¡Que luego de cargar la cruz y morir, las heridas causadas por nuestro pecado, habían sanado!

…¡Que ingresó a la muerte con nuestras heridas sobre Él y resucitó libre de dolor!

Las cicatrices son el recuerdo del sufrimiento por nuestras heridas, pero también son la señal de la total restauración de todas las cosas.

Querido lector, observe bien estas palabras:

1. Jesús fue herido y molido por las rebeliones de usted.

2. Jesús llevó sus enfermedades.

3. Jesús fue quebrantado por sus iniquidades y pecados.

4. Jesús murió y declaró que todo estaba consumado, completado.

5. Jesús fue puesto en una tumba.

6. El Padre resucitó a Jesús de los muertos.

7. Jesús se apareció sin heridas, con señales.

¿Qué significa esto para usted?

• ¡QUE JESÚS LLEVÓ SUS HERIDAS A LA CRUZ!

• ¡QUE EL PADRE DESTRUYÓ EL PODER DE SUS HERIDAS RESUCITÁNDOLO DE LOS MUERTOS!

• ¡QUE JESÚS QUIERE SANARLE PARA QUE SUS HERIDAS SE TRANSFORMEN EN SEÑALES!

El mismo poder que resucitó a Cristo de los muertos, que revivió toda célula, todo músculo muerto en su cuerpo, que levantó su cuerpo herido y molido, puede levantarlo en este día de su tumba de dolor.

Así lo declara la Palabra de Dios en Efesios 1.18-20: «Alumbrando los ojos de vuestro entendimiento, para que sepáis cuál es la esperanza a que él os ha llamado, y cuáles las riquezas de la gloria de su herencia en los santos, y cuál la supereminente grandeza de su poder para con nosotros los que creemos, según la operación del poder de su fuerza, la cual operó en Cristo, resucitándole de los muertos y sentándole a su diestra en los lugares celestiales».

El Hijo de Dios, ya resucitado, no les predicó a los hombres; sino que les mostró las señales en sus manos, en sus pies y su costado. Y cuando las vieron, ¡todos creyeron!

- Los discípulos creyeron cuando vieron las señales en las manos y en sus pies.

- Tomás creyó cuando vio y tocó las cicatrices de sus manos y su costado.

- Otros discípulos, camino a Emaús, creyeron cuando vieron las señales en las manos de Jesús al partir el pan.

- María creyó cuando cayó a tierra ante la presencia de Jesús resucitado y postrada vio las heridas en sus pies.

Es maravilloso saber que la supereminente grandeza del poder del Padre, que levantó a Cristo de entre los muertos, sanará su corazón herido y dejará una señal para que todos sus familiares, amigos y hermanos vean solamente una marca, una cicatriz, de cada experiencia dolorosa que ha paralizado su vida.

Cuando comprendí estas verdades, en profundo quebranto, le pedí al Padre celestial que sanara mis heridas y que pusiera en mi corazón una señal para que todos vieran lo que Dios ha operado en mí. Y así sucedió. La fidelidad de Dios y mi disposición a ser restaurado, han convertido esta experiencia en poderosas verdades que he predicado y enseñado por las naciones; con la gran bendición de que miles de personas han sido sanadas también.

EL PRIMER PASO A LA SANIDAD ES: *Admitir que necesita ser sano*

«¿Quieres ser sano?», le preguntó Jesús a un hombre paralítico, seguramente, encontrándose en una condición deplorable; por la gravedad de la enfermedad que lo afligía. ¿Por qué preguntarle a alguien enfermo si quiere ser sanado? Es que Jesús necesitaba verificar que ese hombre quería ser sano.

Este hombre incapacitado no podía recibir el beneficio de ser sanado por sus propias fuerzas. Resignado después de treinta y ocho años en esa condición, su esperanza se debilitó ante su gran impotencia. Sin embargo, Jesús en medio de una multitud de enfermos, lo escogió. No por ser merecedor, sino por su bondad, gracia inmerecida. El ser humano busca alternativas fuera de Cristo para recibir ayuda, pero como a este hombre paralítico, nadie hubiera podido hacer lo que hizo Jesús por él.

El hombre sin Dios, no necesita ayuda; necesita sanidad. Por eso su respuesta a Jesús es importante. Si es positiva, significará que reconoce su insuficiencia y que necesita un milagro de parte de Dios en su vida.

Aquí es donde comienza su sanidad. ¡Un cambio de dirección! Quien no sólo reconoce su necesidad, sino que se dispone a ser sanado; es alguien que está listo para salir de esa situación dolorosa y recibir la sanidad de Jesús.

Piense en esto:

- ¿Le produce alguna satisfacción estar herido?

- ¿Obtiene algún beneficio al continuar atado a recuerdos dolorosos?

- ¿Ha alcanzado algún logro en esa condición?

- ¿Ha detectado cuál es la herida abierta?

- ¿Puede reconocer hacia dónde lo están conduciendo sus sentimientos heridos?

- ¿Ha notado que la vida transcurre con oportunidades, bendiciones y desafíos, y usted sólo los ve pasar, cuando fueron creados por Dios para usted?

Responder positivamente al llamado de la sanidad es decir: «¡Yo no quiero estar más herido, quiero ser sano!»

> *Recuerdo que en aquellos días, tanto mis amigos como hermanos interesados por mi situación, me preguntaban cómo me encontraba. Y les respondía: "Estoy bien", cuando sinceramente, no era así. La verdad es que estaba muy herido por el rechazo, la injusticia; mi frente estaba destrozada.*

¡Los heridos no quieren admitir su dolor! A mí me ocurrió, pues no quería reconocer que sobre mi frente había una corona de espinas. Quien está herido, sea con una o varias heridas sangrantes en su alma, le es necesario saber y tener presente que los factores internos y externos presionan sobre la herida abierta, dificultando la visión de la realidad; sujetándolo muchas veces a tomar una decisión incorrecta.

> *Que todos me vieran fuerte y saludable emocionalmente», no ayudaba en absoluto a mi restauración. Por eso, la actitud correcta es: ¡Admitir (reconocer) y pedir (reclamar) nuestra sanidad!*

Es cuando necesitamos clamar… **¡Señor, hijo de David, ten misericordia de mí y sáname!**

EL SEGUNDO PASO A LA SANIDAD ES: *Ver la verdad de Dios*

Después de admitir mi necesidad de sanidad, necesito que los ojos de mi entendimiento sean abiertos a las verdades de Dios para mi vida. Es decir, que de mi corazón (donde habitan la conciencia, la mente, las emociones y la voluntad) sea quitado el velo para que podamos recibir entendimiento profundo sobre la manera en que la Palabra de Dios intenta obrar en cada uno. Muchos creen que la verdad nos hará libres. Pero Jesús dijo que «el conocimiento» (la revelación a nuestra alma por su Espíritu) de la verdad, nos hará libres. Necesitamos que los ojos de nuestro entendimiento (corazón) vean (conozcan y comprendan), el poder que las verdades de Dios pueden crear en nuestras vidas.

A. Debemos comprender qué es una herida. Una herida se origina de esta manera:

a. Una circunstancia dolorosa es *experimentada*. Se inicia cuando alguien nos rechaza, deshonra, manipula, atemoriza y nos roba la esperanza. Estas son las seis heridas que definí en el segundo capítulo de este libro.

b. La acción hiriente es *captada* por nuestros cinco sentidos: vista, oído, olfato, tacto y gusto. Cada uno de esos sentidos son parte de nuestra alma, convirtiéndose en los receptores de toda actitud; es decir, de toda acción negativa o positiva que vivamos.

c. El intelecto (nuestra mente) es la parte dirigente del alma, que procesa toda acción hiriente o afectiva. Es el encargado de interpretar todo lo que captan los cinco sentidos. El intelecto cumple un papel importantísimo, dado que es el que decide si las palabras que recibimos son verdad o mentira.

Si la respuesta es positiva en cuanto a creer en las palabras hirientes, el alma quedará herida, marcada por esa determinación equivocada. Pero si se niega a aceptar esas palabras destructivas, su alma quedará libre de dolor.

Es necesario comprender esta verdad: Si nuestra mente depende del espíritu regenerado, donde habita el Espíritu Santo, nos llevará a la verdad de Dios en nosotros, y rechazaremos toda mentira que quiera afectarnos a través de las actitudes o palabras negativas. Quien enseñorea nuestro espíritu se evidenciará en lo que nuestra mente determine, acepte como verdad o rechace como mentira para nuestra vida. Mi mente puede creerle al que me dice que soy un inútil, un pobre desgraciado… o puede creerle a Dios que me dice que soy valioso y útil para Él; dependiendo de quien esté gobernando el espíritu de nuestra mente.

d. Luego de creer, surge una reacción; un comportamiento. En la mayoría de los casos, la reacción es una emoción: siente dolor, vergüenza, depresión, enojo, etc. Las emociones no son malas, sino más bien, señales de que nuestra alma produce (por lo que estamos viviendo), para que tomemos decisiones positivas.

La palabra «emoción» viene del vocablo «moción» o «movimiento»; es decir, una emoción nos está dando una señal de movimiento. Por eso cuando tenemos emociones negativas o destructivas, debemos cambiar de dirección hacia las emociones positivas o constructivas. Cuando usted se siente cautivo de ciertas emociones, debe entender que son reacciones a estímulos dolorosos percibidos por su alma, procesados por su mente; por la aceptación de las mentiras y no de las verdades de Dios para su vida.

Cuando entendemos esta verdad, comenzamos a progresar hacia la sanidad.

UNA MENTIRA PUEDE TRANSFORMARSE EN NUESTRA VERDAD

B. Debemos creer que Dios nos ama y nos creó para ser felices.

¿Sabe usted por qué duelen las heridas? Porque Dios no nos creó para vivir heridos. Sino para ser saludables y felices. Dios nos ama y no desea que vivamos heridos, creyendo en las mentiras de quienes no conocen las verdades de Dios.

Tengamos siempre presente esto:

- Que la verdad de Dios es fiel, es confiable. La palabra del hombre no es veraz, es engaño, mentira.
- Que la verdad de Dios es real. La palabra del hombre no es legítima, es falsa.
- Que la verdad de Dios es poderosa. La palabra del hombre debilita y oprime.
- Que la verdad de Dios es vida. La palabra del hombre es muerte y destrucción.

La verdad de Dios es que nos ama y desea lo mejor para sus hijos e hijas. La verdad es que fuimos creados para su gloria y alabanza. La verdad de Dios es que somos su deleite, y que anhela darnos vida y gozo en abundancia; así como paz perfecta.

C. Debemos entender que los heridos «hieren».

¡Esta fue la verdad que me liberó! Estaba totalmente convencido de que las personas que me habían herido eran malas, perversas. Herir traduce la acción de «matar, cortar en pedazos, golpear, azotar, abofetear». Así es como se sienten *los heridos en la frente,* como casi muertos en sus fuerzas, cortados en pedazos sus sueños, golpeados, azotados y abofeteados con cada palabra o actitud destructiva.

Sólo cuando la Palabra de Dios alumbró mi entendimiento, comprendí que quienes hieren son personas que han sido heridas. ¡Que hieren porque al hacerlo buscan aliviar el dolor de sus almas! Sin embargo, Jesús nos dejó un ejemplo perfecto a imitar: Crucificado, molido, herido, rechazado y burlado; rogó al Padre el perdón a favor de sus heridores por que *no sabían lo que hacían.*

1 Corintios 2.8 dice: «La que ninguno de los príncipes de este siglo conoció; porque si la hubieran conocido, nunca habrían crucificado al Señor de gloria».

Pablo señala una verdad notable en cuanto a quienes poseen «sabiduría», en contraste a la equivocada determinación que tomaron al crucificar al Hijo de Dios. Nos explica que Jesús fue rechazado, maltratado y muerto por aquellos a quienes el mundo consideró sabios y grandes. La sabiduría de Dios comprende verdades, misterios y propósitos que son revelados mediante nuestra fe en Cristo. Por eso, Jesucristo rogó por perdón ante quienes estaban dominados por la necedad, la incredulidad y la ceguera espiritual.

De esta manera ocurre con aquellos que nos hieren. Ellos no saben, desconocen las consecuencias de sus acciones. ¡Quien hiere es porque está herido, marcado por el rechazo, desesperado y manipulado por algún *azote en su frente!*

Esta verdad, cuando es comprendida y asimilada, nos encamina hacia la sanidad de nuestro corazón… Esta verdad nos libera de nuestro dolor, provocándonos compasión por quienes nos lastimaron.

Debemos comprender que nuestras experiencias dolorosas tienen un propósito: Una conquista.

Dios quiere sanarlo. Dios quiere darle una herencia de bendición. Dios quiere que usted experimente su gozo, su salud y su presencia. Además, quiere darle un testimonio, una evidencia real de su sanidad para que aquellos que lo conocieron herido lo conozcan como un triunfador, un conquistador, un hijo e hija de Dios sano…

El disfrute de todas esas bendiciones son el producto del logro de una conquista: «nuestro dolor». Es la intención de Dios que seamos provocados a través de los momentos difíciles, amargos y oscuros a levantarnos determinados a hallar por la gracia del Espíritu Santo, la razón que motiva toda actitud triste, negativa, destructiva o altiva en nosotros hacia otros.

La consigna es: Conquistarnos a nosotros mismos y convertirnos en sanidad para otros.

EL TERCER PASO A LA SANIDAD ES: *El perdón*

La palabra «perdonar» define la acción de «levantar algo», «alzarlo y llevarlo a otro lugar». El concepto del perdón en el Antiguo Testamento está basado en la ilustración de que Dios levantaba, alzaba nuestros pecados y se los llevaba, quitándolos de nuestras vidas. Tenga presente esto, que la palabra *perdonar, levantar* o *alzar* son idénticas.

Dos ejemplos que podemos citar con respecto a esta verdad en el antiguo pacto los encontramos, primeramente, en Génesis 21.8:

«Levántate, alza al muchacho, y sostenlo con tu mano, porque yo haré de él una gran nación». Esta escena tipifica lo que Dios ha hecho por el hombre… así como Agar **levantó** al muchacho, se fue de la casa de Abraham y se lo llevó al desierto; asimismo Dios **levantó** nuestros pecados, se los llevó de nuestra vida y los arrojó a lo profundo del mar.

Veamos el otro, en el Salmo 103.12: «Como está lejos el oriente del occidente, hizo alejar de nosotros nuestras rebeliones». En esta ilustración simbólica del perdón nos enseña que cuando Dios nos perdona, hace alejar nuestros pecados así como está lejos el oriente del occidente. Él borra nuestros pecados, para no tener de ellos memoria nunca más. ¡El perdón de Dios, elimina (destruye) nuestros pecados completamente!

La palabra «alzar» también habla del «cambio de posición desde algo bajo hacia algo alto». Así hizo Dios con los pecados, los alzó desde nuestra baja posición a otro lugar. Según el antiguo pacto, podemos decir que Dios levantó (alzó) y alejó nuestros pecados. Mas en el nuevo, los anuló.

El perdón es una acción que Dios ejecuta, removiendo, levantando y alejando los pecados de nuestras vidas. La reconciliación es por medio de Dios, no del pecador. Él es el autor de la misma. ¡El perdón existe a causa de la misericordia de Dios por el pecador!

¡SOLO QUIEN SABE AMAR, PUEDE PERDONAR!

Veamos Isaías 53.4: «Ciertamente **llevó** él nuestras enfermedades, y sufrió nuestros dolores; y nosotros le tuvimos por azotado, por herido de Dios y abatido».

La palabra «llevó» es la misma palabra «alzar, levantar, perdonar». En el capítulo 2 expliqué que esta acción de Jesús en la cruz describe el cuadro de nuestro Señor *alzando* nuestras enfermedades, cargando los dolores de dichos padecimientos. A grandes rasgos podemos sintetizar, en tres acciones poderosas, lo que el Hijo de Dios hizo y logró por el hombre: Él las alzó. Él las cargó. Él las perdonó.

¿Cómo fuimos perdonados por Dios?

Pudimos ser perdonados porque Dios se proveyó a sí mismo, a través de su Hijo, un sustituto. Conociendo Él que el hombre está totalmente incapacitado para satisfacer las exigencias divinas, y que todos sus esfuerzos son en sí mismos, deficientes a causa de su naturaleza pecaminosa, ¡sabía que al hombre le sería imposible lograr el favor divino, por sus propios medios!

Por eso en la cruz Jesús, además de tomar todas nuestras enfermedades, dolores, pecados, iniquidades, rebeliones y maldades; fue tratado por su Padre como un pecador, un maldito recibiendo el castigo por todos los pecados de todos aquellos que habrían de creer, a fin de que a través de Él fuesen todos justificados. Y declarados libres de culpa.

¡Dios descargó sobre su Hijo, sin pecado, toda su ira y juicio contra el pecado! Él ocupó nuestro lugar y se hizo responsable de nuestra deuda (condena), pagando el precio con su vida.

Isaías describe la entrega de la vida de Jesús como poniendo «su vida en expiación por el pecado». Porque las Escrituras nos enseñan con claridad que solamente el sacrificio de sangre puede hacer expiación por el pecado y aplacar la ira de Dios. Que los pecadores no pueden hacer expiación por sus propios pecados de ninguna forma. Que es necesario un sacrificio perfecto (derramar la sangre de un sustituto inocente) para llevar a cabo la expiación del pecado a favor de ellos.

Veamos este ejemplo práctico: Si un criminal recibe una sentencia de veinte años de cárcel, obviamente la ley determinará que si pasa todo ese tiempo de su vida en la cárcel, su condena quedará pagada. Así la ley divina ha decretado sobre todo el que peca un castigo; la sentencia de nuestro pecado es la muerte, vivir en total separación, en enemistad con Dios. Sin embargo, Jesús siendo libre de pecado, puro, santo, de corazón íntegro, ocupó nuestro lugar, fue tratado como un pecador, se le atribuyó nuestra culpa y se aplicó sobre Él el castigo que merecíamos.

¡Su muerte saldó nuestra sentencia y obtuvo perdón a cambio de muerte eterna!

Pero allí no terminó la obra de Jesús, nuestro Salvador.

En Isaías 53.10-11 dice: «Con todo eso, Jehová quiso quebrantarlo, sujetándolo a padecimiento. Cuando haya puesto su vida en expiación por el pecado, verá linaje, vivirá por largos días, y la voluntad de Jehová será en su mano prosperada. Verá el fruto de la aflicción de su alma, y quedará satisfecho; por su conocimiento justificará mi siervo justo a muchos, y llevará las iniquidades de ellos».

Después de cargar nuestros pecados y absorber el castigo, poniendo su vida como rescate, Jesús quedó satisfecho justificando a muchos. ¿Qué significa esto? Significa que Jesús retiró la sentencia, anulando el acta de acusación que había en contra del pecador. Jesús remitió el pecado en una acción maravillosa descrita por el apóstol Pablo con estas palabras:

«Sorbida es la muerte en victoria» (1 Corintios 15.54).

La palabra «sorbida» significa «tragar, devorar, absorber, consumir completamente». Jesús remitió nuestros pecados absorbiéndolos y anulándolos. Él es la vida y la sentencia de muerte no pudo vencerlo. En su muerte y resurrección, Él venció y por ello nosotros somos perdonados.

Aquí debemos mirar el segundo aspecto del perdón que completa este concepto. Se encuentra en el Nuevo Testamento, y la palabra «perdón» tiene dos aspectos. La primera ilustración de esta palabra es la de «alejar, dejar, remitir».

Por ejemplo: Cuando remitimos una carta en el correo, la dejamos allí para que sea enviada hacia su destino final. La carta deja de estar bajo nuestro poder, alejándose de nosotros…, para cometer su propósito.

Veamos lo que Jesús dijo en Juan 20.23: «A quien remitiereis los pecados, les son remitidos; y a quienes se los retuviereis, les son retenidos».

Este pasaje nos revela el poder que se libera en la acción de perdonar (soltar) o de retener el agravio. Sabemos que el hombre no posee el poder de perdonar los pecados, sólo Dios puede; pero si puede tomar la decisión de soltar, olvidar los agravios y ofensas de otros, porque Jesús perdonó las nuestras. ¡Un corazón es perdonador cuando mantiene vivo todo lo que Cristo ha hecho por él en la cruz!

Cuando perdonamos a alguien que nos hirió, estamos enviando, remitiendo (alejando) esa acción de nuestros corazones.

Cuando perdonamos, estamos remitiendo la sentencia de la ofensa contra nosotros.

Cuando perdonamos, estamos anulando la acusación contra el ofensor y lo estamos liberando de la condena; salvando de la esclavitud por nuestro juicio.

Pero cuando no perdonamos estamos «reteniendo» ese pecado. La palabra «retener» significa «tener poder sobre algo». Literalmente significa **«apoderarse»**.

En otras palabras, quiere decir que cuando no perdonamos estamos apoderándonos de esa acción hiriente y, por retenerla, nos atamos a vivir continuamente cercados por el recuerdo de ese hecho. En cambio, cuando perdonamos, estamos alejando toda acción hiriente de nuestros corazones y liberamos a la persona que nos hirió. Porque mientras no perdonamos, al retenerle su agravio, sometemos a la persona a nuestro juicio, asignándole una condena.

Pero aún hay más, quien no perdona *queda también prisionero por su propio juicio, transformándose en un carcelero que debe quedarse en la puerta de la celda de castigo, asegurándose que el castigado no se escape de la condena por su acción hiriente.*

El segundo aspecto del perdón —en el Nuevo Testamento—, se define en las palabras de la epístola del apóstol Pablo en Romanos 4.6-8: «Como también David habla de la bienaventuranza del hombre a quien Dios atribuye justicia sin obras, diciendo: Bienaventurados aquellos cuyas iniquidades son perdonadas, y cuyos pecados son cubiertos. Bienaventurado el varón a quien el Señor no inculpa de pecado».

El rey David cometió pecados con consecuencias muy serias y, sin embargo, experimentó el gozo del perdón. Dios no solamente nos perdona y cubre nuestro pecado (somos revestidos en la justicia perfecta de Cristo), sino que además, no nos inculpa de pecado. La palabra «inculpar» significa «imputar, hacer cuentas y transferir de una cuenta a otra». La palabra «imputar» significa «acreditar». Podemos acreditar positiva o negativamente.

Es decir: Dios no imputa el pecado a nuestra cuenta, porque se lo cargó (transfirió) a la cuenta de Cristo. Pero sí nos acredita la justicia del Cristo resucitado a nuestra cuenta solamente por su gracia.

Acreditar negativamente, significa por ejemplo: Que si una persona mata a otra, se le acredita (acusa) con homicidio, se le imputa (atribuye) la culpa de haber cometido un crimen que acarrea un juicio, una sentencia y una condena. Y acreditar positivamente, es cuando un individuo hace un bien, y se le acredita (otorga, atribuye) mérito por esa acción.

Sin embargo, el apasionado corazón de nuestro Creador, como eterno enamorado de su detallada y amada obra, el ser humano, ha acreditado al pecador por su inigualable gracia, la perfección, la santidad, la pureza y la justicia de Cristo.

Es esta realidad tan incomprensible y a la vez tan grandiosa como la posibilidad de que alguien depositara un millón de dólares en su cuenta de banco, sin merecerlo, sin razón alguna; simplemente por generosidad. Y aunque usted sepa que no es merecedor de ese dinero, a través de su resumen de cuenta, vea todo ese dinero depositado para usted. Así es el perdón de Dios, nuestro Padre celestial depositó a nuestra cuenta la totalidad de los treinta y tres años de santidad y obediencia de Jesús.

No solamente hemos sido perdonados, sino que hemos recibido la vida perfecta del Hijo de Dios. Es un regalo inmerecido que Cristo pagó con su vida al tomar nuestro lugar; acreditándonos vida y vida en abundancia.

La parábola que ilustra esta verdad es la del «samaritano». Después que el buen samaritano lleva al herido al mesón, deja una instrucción.

Lucas 10.35 dice: «Otro día al partir, sacó dos denarios, y los dio al mesonero, y le dijo: Cuídamele; y todo lo que gastes de más, yo te lo pagaré cuando regrese».

Así como este buen hombre se compadeció ante la condición miserable de aquel herido, víctima del robo de sus esperanzas, de sus derechos, casi muerto, tirado en el camino de la vida… es como Jesús nos recogió espiritualmente a cada uno de nosotros, acreditando nuestro pecado a su cuenta, cancelándolo con el precio de su vida, convirtiéndonos en acreedores de todas las bendiciones de Dios; alcanzados por su gracia.

¡LA FUERZA DEL PERDÓN PUEDE CAMBIAR CUALQUIER REALIDAD!

¿Cómo se aplica la verdad del perdón a las personas que le hirieron?

El que decide perdonar acredita libertad y justicia a la vida del que lo hirió. Si bien todo aquel que hiere, merece pagar por su ofensa, recibir un veredicto, una sentencia, una condena por lo que hizo. Quien perdona, le otorga sin merecerlo, la libertad de esa condena; la anulación de todo juicio por su acción hiriente.

¿Quién puede perdonar verdaderamente esta injusticia?

Sólo lo logra aquella persona que ha determinado poner punto final a la amargura, a hacer a un lado la ira, a renunciar a cualquier pensamiento de venganza. Que ha comprendido que es más doloroso y destructivo retener su herida abierta. Que es necesario dar término a tanto dolor.

El perdón no se manifiesta en nosotros tan fácilmente, pero sí es posible en aquellas personas que viven bajo la influencia del Espíritu Santo; que nos capacita con el amor, la misma misericordia con la que fuimos también perdonados.

El perdón es una decisión firme que va en contra de nuestros propios sentimientos. Que se realiza en forma racional y voluntaria con el fin de poner a un lado la ofensa y desear lo mejor para el ofensor.

El perdón libera a la persona que nos hirió para que goce de las bendiciones de Dios, estableciéndose el gozo y la paz en nuestro interior, como resultado de dar de gracia lo que de gracia recibimos.

Recuerde esto: El que perdona determina no ser más dominado por el pasado doloroso, para transitar a través de la sanidad hacia la conquista de nuevas metas en su vida.

EL CUARTO PASO A LA SANIDAD ES: *Remitir la herida*

Remitir significa «enviar, alejar, despachar». ¿Qué es lo que debemos remitir si queremos ser sanos? Debemos remitir las mentiras de nuestras mentes y corazones. Recuerde que una acción hiriente se transforma en herida cuando creemos en una mentira. ¡Cuando creemos en la mentira, estamos renegando la verdad!

Recuerdo el testimonio de una mujer cristiana que conocí en el estado de California, en los Estados Unidos. Ella era una de cinco hermanas que crecieron en un hogar muy pobre. Su mamá compraba los zapatos más baratos para sus cinco hijas; zapatos de plástico, sumamente incómodos, a los que ella rechazaba prefiriendo caminar descalza. Sus hermanas se burlaban de ella cuando les decía que un día tendría sus zapatos de cuero fino, calificándola de orgullosa, porque se creía mejor que ellas.

Esa actitud, esas palabras, además de causarle una herida profunda en su corazón, se convirtieron en la posibilidad de creer que sí, realmente era una persona orgullosa y pretenciosa. Lejos de querer presumir, la verdad era que esta hermana tuvo desde pequeña un carácter especial, gustos delicados, de manera que prefería esperar por sus zapatos finos que su mamá le compraba una vez por año.

La conocí en una conferencia donde ministré sobre sanidad. Me compartió que no podía ser feliz en su matrimonio, en su carrera, en su ministerio. Se sentía tan frustrada que había llegado a aceptar la posibilidad de creer que su infelicidad era por causa de su orgullo y pretensión. Su esposo por años había tratado de hacerla feliz, pero nada la satisfacía.

Durante la primera conferencia, fue ministrada por la Palabra de Dios y recibió convicción de que *había creído por años en una gran mentira. Que no se trataba de orgullo, sino que simplemente rechazaba esos zapatos de plástico porque le causaban mucho dolor en sus pequeños y delicados pies de niña.*

Nunca me olvidaré de esa experiencia. Ella cayó al piso y quedó tendida por casi una hora; y tuvo una visión: Vio a Jesús venir hacia ella y que le ponía unos zapatos hermosos. Cuando se puso en pie, estaba totalmente restaurada, sana. A través de esa visión, Jesús le mostró la verdad… que ya no había por qué llorar, que no era orgullosa como creía; sino acepta en el Amado. ¡Que no debía sentirse culpable por gustarle los zapatos de cuero y no los de plástico!

Cuando remitimos la mentira de nuestra mente, alejamos lo que está causando la herida en nuestro corazón. Cuando aceptamos remitir, despojarnos de toda mentira, estaremos listos para el próximo paso; por fe, para declarar la verdad y aceptarla.

El pueblo de Israel al entrar a la tierra prometida, Dios le dio las siguientes instrucciones:

1. Entren a la tierra que Yo les he dado.
2. Sean sanos de las emociones del pasado en Egipto.
3. Conquisten todo el territorio de Canaán.
4. Arrojen a todos los habitantes de Canaán, a TODOS.
5. Destruyan los altares de los dioses de los cananeos.
6. Posean la tierra, háganse dueños de ella.
7. Disfruten los beneficios de la tierra.

Esas instrucciones fueron desobedecidas.

NO ARROJARON A LOS HABITANTES DE CANAÁN. NO DESTRUYERON LOS ALTARES Y FUERON PERVERTIDOS POR LAS COSTUMBRES DE LOS CANANEOS.

¡No remitieron a sus enemigos, porque creyeron en palabras de engaño! Por admitir lo que Dios les indicó que debían desechar, el enemigo los convenció. Los cananeos se quedaron en sus tierras, conviniendo en acuerdos para quedarse pagando impuestos; cediendo al engaño de las palabras de gente perversa, con costumbres paganas.

En el libro de Jueces, encontramos al pueblo de Israel, luego de la muerte de Josué, como un pueblo totalmente corrompido. Inició su deslizamiento a la derrota desde el momento que no creyó que podían poseer toda la tierra de Canaán con Dios. Supusieron que la tierra era muy grande para ellos y que podían —sin problemas—, habitarla con gente pagana.

Este es un ejemplo muy claro para los que quieren ser sanos. No podemos creer en las mentiras de los que nos hirieron, en las de nuestro propio corazón ni, mucho menos, en el engaño de Satanás.

Por eso, debemos asegurarnos de dar los siguientes pasos:

1. Anular todo voto secreto.

Un voto secreto es una promesa que nos une a una persona o a una creencia. Los votos secretos generalmente comienzan con un «No».

A **No** confiaré en personas con autoridad.
B. **No** le abriré mi corazón a nadie.
C. **No** amaré más.
D. **No** tendré éxito en la vida.
E. **No** perderé el control jamás.
F. **No** permitiré que nadie vea lo que verdaderamente soy.
G. **No** mostraré mis debilidades.

¡Estos votos son promesas destructivas fundamentadas en el engaño, y deben ser desterradas de nuestras vidas porque están totalmente basadas en mentiras!

2. Mantener una constante actitud de perdón.

Cuando perdonamos, estamos liberando al ofensor de su sentencia y condena. Esa sentencia fue establecida por usted al cometer un juicio. El perdón anula ese juicio; y libera al ofensor y al ofendido de la angustia y el dolor. Esa acción debe ser alimentada y mantenida.

3. Romper las ataduras de Satanás.

Los votos secretos, la falta de perdón y las mentiras del diablo, son terreno fértil para la edificación de fortalezas en nuestras mentes. Una fortaleza es una casa edificada con mentiras en nuestra mente. Cuando una fortaleza es edificada, la Biblia nos enseña que «el hombre fuerte» se establece en ella. Así es como se forman las ataduras, a través de mentiras que producen comportamientos dominantes.

¡TRAER AL PRESENTE LOS RECUERDOS AMARGOS, ES GLORIFICAR A LA AMARGURA!

He conocido a personas que adoran delante del altar de su experiencia dolorosa. Hablan constantemente del pasado y de las personas que los hirieron. Tienen siempre presente las injusticias y los golpes que han recibido. La realidad es que están atados a esas experiencias y su vida presente está determinada por su pasado. No pueden mirar hacia el futuro con esperanza porque tienen su mirada en el dolor de una experiencia sufrida.

¡Esas ataduras solamente son rotas con la verdad de la Palabra de Dios en nosotros!

EL QUINTO PASO A LA SANIDAD ES: *La diaria declaración de fe*

Los **heridos en la frente** han sido rechazados, despreciados… sus talentos, su trabajo, su ministerio y su llamado. Pero esta es su declaración de fe:

«SOY ACEPTO EN EL AMADO» (Efesios 1.6)

Usted es acepto en Jesús, el Amado; incondicionalmente. Nada puede negar esa verdad. Por su muerte, no por sus méritos, usted fue limpiado y comprado por su sangre preciosa.

«SU IDENTIDAD ESTÁ EN CRISTO»

Usted es un hijo, una hija de Dios el Padre, escogido en Cristo, por su gracia. Predestinado a gozar de los privilegios y bendiciones como su heredero.

Los **heridos en el rostro** tienen la identidad deformada porque alguien descubrió su desnudez, deshonró su cuerpo, alma y espíritu: Pero esta es su declaración de fe:

«DIOS TODO LO CONOCE» (Hebreos 4.13)

«Y no hay cosa creada que no sea manifiesta en su presencia; antes bien todas las cosas están desnudas y abiertas a los ojos de aquel a quien tenemos que dar cuenta». Delante de Él están todos los momentos de nuestra vida, Él todo lo conoce y sabe cuánto usted padeció y de qué manera ha sido deshecho su corazón. ¡Él siempre lo amó, y quiere ayudarlo!

«DIOS LO LLAMA, NO SE ESCONDA»

Adán se escondió cuando vio que estaba desnudo. Dios, sabiendo que Adán se había equivocado, vino en la brisa de la tarde y se acercó a él para tener comunión. Dios conoce su desnudez, conoce su vergüenza. Dios el Padre lo está llamando porque quiere tener íntima comunión para sanarlo y restaurarlo.

«NO FUE SU CULPA»

Usted no pecó, alguien lo hizo contra usted y contra Dios. Muy probablemente, usted no podría haber evitado esa deshonra. Muchos de los que fueron ultrajados pusieron su confianza en la persona que los perjudicó. El ofensor se aprovechó de su inocencia y debilidad.

«LA VIDA NO SE TERMINÓ, VIENEN DÍAS MEJORES»

Su vida no culminó por el pecado de otro. Dios lo sanará y lo guiará a su propósito. Su mano poderosa, lo conducirá a una conquista gloriosa.

Los **heridos en los pies** han sido aprisionados por el temor, subyugados para que crean que son incompetentes, débiles y que están desamparados en la vida. Creen que nadie los puede comprender, que ellos son diferentes y que no lograrán jamás lo que otros sí. Esta es su declaración de fe:

«NO ESTOY SOLO, DIOS ESTÁ CONMIGO»

Declare las palabras del salmista Asaf en el salmo 73:

a. Yo siempre he estado contigo. Tú nunca me has dejado, Señor.
b. Me has tomado de la mano derecha. Siempre me has guiado, aun cuando no te sentía.
c. Me has guiado con tu consejo. Siempre me has hablado Señor, aun en la noche cuando mi mente no lo estaba percibiendo.
d. Me recibirás en gloria para contar todas tus obras. Prepararás una mesa de celebración al final de esta experiencia dolorosa para que testifique de tu gracia y de tu sanidad delante de mis angustiadores.

Los **heridos en sus espaldas** fueron deformados por la humillación; el maltrato los incapacitó, desvalorizó; devastando sus vidas. Sufrieron ser comparados, quedando ligados a un espíritu de inferioridad. Pero esta es su declaración de fe:

«SOMOS HECHURA DE SUS MANOS»

Somos una obra original, no existen copias de ninguno de nosotros. En el salmo 139, el salmista dice:

a. Él me ha conocido, me ha entendido y ha escudriñado mi andar.
b. Él formó mis entrañas, me hizo en el vientre de mi madre.
c. Somos una maravillosa obra.
d. En oculto Dios me formó, me entretejió en lo profundo de la tierra.
e. Los ojos de Dios me vieron cuando era un embrión.
f. En el libro de Dios estaban todas las cosas que fueron formadas en mí.

Podemos apropiarnos del versículo 17 de este salmo, y proclamarlo así: «¡Cuán preciosos me son los pensamientos de Dios hacia mí! ¡Cuán grande es la suma de ellos!»

«DIOS NO NOS COMPARA»

El hombre juzga por lo que ve a través de las apariencias. En cambio, Dios pone atención al estado del corazón, dado que es más significativo que cualquier habilidad natural o aspecto externo. Porque sabe que la vida del hombre es un fiel reflejo de su corazón. La apariencia no manifiesta lo que la gente es en realidad, ni sus verdaderos valores. El alfarero conoce a la perfección a cada uno de sus hijos, porque hechura suya somos; dándonos valor como a obras únicas y maravillosas que portan sus huellas.

Los **heridos en las manos** son quienes han sido víctimas de situaciones en las que se han sentido sin protección, sin cuidado, en peligro constante de ataques, vulnerables e incapaces de escapar. Pero esta es su declaración:

«NO HAY TEMOR EN DIOS»

«Jehová es mi luz y mi salvación; ¿de quién temeré? Jehová es la fortaleza [el baluarte] de mi vida; ¿de quién he de atemorizarme? Cuando se juntaron [avanzando] contra mí los malignos, mis angustiadores y mis enemigos, para comer [destruyendo] mis carnes, ellos [son quienes] tropezaron y cayeron.

»Aunque un ejército acampe [asediando] contra mí, no temerá [de ninguna manera] mi corazón; aunque contra mí se levante [una turbulenta] guerra, yo estaré confiado [manteniendo mi mirada en Dios]. Una cosa he demandado [con ruegos] a Jehová, ésta buscaré [con perseverancia]; que esté [arraigado] yo en la casa de Jehová todos los días de mi vida, para contemplar la hermosura [de la persona] de Jehová, y para inquirir [buscar sabiduría] en su templo.

»Porque él me esconderá [auxiliándome] en su tabernáculo [al amparo de su morada] en el día del mal [de mi
aflicción]; me ocultará [celosamente] en lo reservado de
su morada; sobre una roca [segura] me pondrá en alto»
(Salmo 27.1-5).

«DIOS ME RODEA»

«Porque tú, oh Jehová, bendecirás al justo [por medio de
Jesucristo]; como con un [gran] escudo lo rodearás de tu
favor [protector]» (Salmo 5.12).

«Los que confían [enteramente] en Jehová son como el
monte [inalterable] de Sion, que no se mueve, sino que
permanece para siempre. Como Jerusalén tiene montes
[proveyendo protección] alrededor de ella, así Jehová está
alrededor [a favor] de su pueblo desde ahora y para siempre» (Salmo 125.1-2).

«Y le dijo: Corre, habla a este joven, diciendo: Sin muros
[protectores] será habitada Jerusalén, a causa de la multitud
de hombres [justos] y de ganado en medio de ella. Yo seré
para ella, dice Jehová, muro [como cerco] de fuego en
derredor, y para [manifestar mi] gloria estaré en medio de
ella» (Zacarías 2.4-5).

«¡Oh Jehová, cuánto se han multiplicado mis adversarios!
Muchos son los que se levantan [oponiéndose] contra mí.
Muchos son los que dicen [asegurando] de mí: No hay para
él [ninguna] salvación en Dios. Mas tú, Jehová, eres escudo
[invencible] alrededor de mí; mi gloria [perfecta], y el que
levanta [manteniendo en alto] mi cabeza» (Salmo 3.1-3).

«El ángel de Jehová acampa alrededor de los que le temen
[a través de la obediencia], y los defiende [con celo consu-
midor]» (Salmo 34.7).

Los **heridos en el corazón** han perdido la esperanza de vivir una vida fructífera y victoriosa. Pero esta es su declaración de fe:

«SU ESPERANZA ESTÁ VIVA»

María Magdalena, sumamente entristecida por la muerte de su Señor, fue muy de madrugada a la tumba de Jesús. Seguramente desatendiendo a las promesas hechas sobre su resurrección; se encontraba sin esperanzas, devastada ante la pérdida irremediable de su Maestro.

Sin embargo, cuando la muerte de Jesús se transformó en su gran desolación, llegando a la sepultura se encontró con la piedra corrida, el cuerpo de Cristo resucitado y un ángel con las buenas noticias de parte de Dios.

Mientras María estaba viviendo y sufriendo una realidad triste, angustiante… en Dios existía otra.

«Bendito el Dios y Padre de nuestro Señor Jesucristo, que según su gran misericordia nos hizo renacer para una esperanza viva, por la resurrección de Jesucristo de los muertos» (1 Pedro 1.3).

Si Jesús resucitó recibiendo una herida de muerte, en su corazón, nosotros tenemos esperanza. Aunque la realidad nos muestre lo mismo que veía María frente a la tumba, nuestra esperanza no está muerta; está viva.

TENER ESPERANZA ES SINÓNIMO DE VIVIR EXPECTANTES

Nuestra esperanza no está basada en lo que vemos, sino en lo que no vemos. El cristiano goza de una esperanza viva porque tiene un Salvador que vive. Hemos recibido una nueva vida espiritual que nos capacita para vivir en una dimensión totalmente diferente a la natural. Nuestra esperanza nada tiene que ver con «anhelar, desear», porque es una confianza dinámica que nos mantiene con nuestra mirada hacia lo eterno.

Poseer una «esperanza viva» significa que no tenemos que vivir aceptando lo que se presenta como algo determinado, sin posibilidad de cambio.

¡Cuidado! ¡Cuando ocupamos demasiado tiempo en las cosas que vemos, nos hacemos poco efectivos para alcanzar las que no vemos!

«NUESTRA ESPERANZA ESTÁ EN UNA PERSONA»

¡María tenía sus ojos en la tumba! Usted posiblemente tiene su mirada y atención en la herida de su corazón. De repente, Jesús se presentó y le preguntó a quién buscaba. ¡La tumba estaba vacía y Jesús resucitado parado junto a ella!

Jesús no está en la herida de su pasado, Jesús está a su lado para sanarlo y levantarlo.

No lo busque entre los muertos... no lo busque en su dolorosa herida.

¡Búsquelo en la sanidad, porque allí está, listo para levantarlo a una nueva vida!

EL SEXTO PASO A LA SANIDAD ES: *La gratitud*

Diez hombres leprosos, marginados por la sociedad y marcados por esa horrible enfermedad, rogaron a Jesús para ser sanados. Todos fueron sanados, pero sólo uno regresó a darle gracias, gloria a Dios, por el milagro recibido. Como resultado, él recibió lo que no recibieron los otros nueve; cuando Jesús le declaró: *Tu fe te ha salvado.* ¿Por qué regreso este hombre? No era sólo gratitud lo que sentía, él había comprendido y creído que quien lo había sanado era el Hijo de Dios. Esta realidad, lo atrajo nuevamente a Jesús. Y esa fue la actitud que lo habilitó para recibir lo que sólo algunos tenían: la salvación. ¡Liberación total!

La lepra es una enfermedad que consume, que carcome la piel. Generalmente los afectados por ella perdían sus dedos, parte de su rostro y hasta sus manos y pies. Los nueve que no regresaron y se comportaron ingratamente con el Señor, recibieron sanidad; pero este hombre agradecido recibió nuevos pies, nuevas manos. Sanidad integral, devolviéndole más de lo que la lepra le había consumido. Fue alcanzado con el poder de la salvación que restaura todas las cosas íntegramente.

El constante agradecimiento de un herido que ha sido sanado, es vital porque recibirá todo lo que el dolor y la angustia le robaron. Es a través de la sanidad que podremos vivir en una nueva dimensión de restauración, insertados en el mundo manifestando las maravillas del poder de Dios.

Por eso, todos los días, levante sus manos y agradezca a Dios por su gracia y misericordia. ¡Él lo ha sanado de su herida y convertido en una señal para el mundo!

¡La sanidad de Dios tiene el poder de libertar al hombre de toda esclavitud y capacitarlo para alcanzar todo lo predestinado divinamente para él, desde la eternidad! ¡Gloria a Dios!

Lo animo a recorrer juntos, a través de la Palabra de Dios, el proceso divino que todo creyente experimenta en su avanzar hacia la meta: Cristo. Es mi anhelo que podamos reconocer hasta dónde hemos llegado en el proceso de madurez como cristianos y que seamos fortalecidos e inspirados por el Espíritu Santo para continuar con esperanza y mucha perseverancia la carrera que tenemos por delante.

CAPÍTULO 6

LOS HIJOS DE DIOS

~~~~~~~

En el capítulo anterior vimos que la principal conquista de los hijos de Dios es una relación íntima y madura con el Padre celestial, en la que sus hijos disfrutan con Dios de una relación sin obstáculos y sin condenación. En la que el Padre puede hablar con ellos y los hijos le oirán, el Padre les mostrará sus planes y sus hijos los ejecutarán. Esa es una relación a «cara descubierta». Porque sólo cuando nuestra relación es íntima y madura, nuestra vida será cambiada, transformada y modelada a la imagen de Jesús para que el mundo vea y experimente una manifestación real de la gloria de Dios en nuestros vecindarios, trabajos, escuelas y en todo lugar donde estemos.

2 Corintios 3.18 nos dice:

> «Por tanto, nosotros todos, mirando a cara descubierta como en un espejo la gloria del Señor, somos transformados de gloria en gloria en la misma imagen, como por el Espíritu del Señor».

El apóstol Pablo nos anima a mirar con cara descubierta (sin velos humanos) la gloria del Señor. Jesús se deleitaba al contemplar la gloria de su Padre. Porque en esa contemplación, el Hijo oía las palabras y los mandamientos del Padre. En esa contemplación el Hijo veía las obras que el Padre hacía. Momentos que marcaban su vida de tal manera, que era ministrado para caminar y vivir en la autoridad del Padre, lleno del poder divino para destruir todas las obras de Satanás.

Existe un gran obstáculo en contra de esta relación íntima y madura... se trata de nuestra alma herida, que se interpone entre nuestro corazón y el de Dios. Esto no significa que usted no busca a Dios. Significa que cuando usted se le acerca, la herida aparece degenerando así la motivación correcta para encontrarnos con Él y, entonces, la carga principal de su relación con su Padre se centra en la solución de algún problema, en el perdón de alguna desobediencia o en la provisión de su necesidad.

Sin embargo, los hijos de Dios que conquistan su herencia son aquellos que diariamente ponen sus necesidades a un lado y pasan tiempo en la presencia del Padre celestial oyéndolo y contemplándolo. Estos son los hijos que ya están listos para conquistar milagros, bendiciones, frutos, dones, territorio y todas las cosas que han sido dadas por herencia.

¿Por qué están listos? Porque en los momentos de relación íntima con el Padre recibieron órdenes, instrucciones acerca de sus bendiciones. Porque en esos momentos de relación íntima vieron cómo el Padre ya estaba obrando a su favor en relación a la respuesta de sus oraciones. ¡De esos momentos de intimidad, los hijos saben sin duda alguna que su Padre Dios suplirá sus necesidades y responderá sus peticiones!

¿Cree usted que el apóstol Pablo tuvo necesidad de seguir orando para que Dios quitara su «espina en la carne»? ¡No! Porque Pablo vivió una experiencia sobrenatural: El paraíso le fue revelado y allí fue donde Dios le dijo que su gracia era suficiente. Solo rogó tres veces por su adversidad y luego fue fortalecido con las palabras de su Padre.

¿Cree usted que el apóstol Juan tuvo temor de continuar predicando el evangelio a pesar de las amenazas del Imperio de Roma? ¡No! Porque en la isla de Patmos Juan vio los cielos abiertos y contempló el final de los gobiernos de la tierra y el triunfo del Señor Jesús. Juan vio al Señor sentado en su trono, triunfante y glorioso.

Estos resultados se logran a través de una relación íntima y madura con el Padre. Estos resultados son para los hijos maduros.

Cuando los hijos son pequeños, se acercan a sus padres porque tienen necesidades. Porque necesitan alimentarse y ser atendidos. Los niñitos no se acercan a sus padres porque tengan un amor profundo y maduro, sino porque sin la ayuda de sus padres no pueden sobrevivir. Pero cuando los hijos maduran se establece y desarrolla una relación íntima (cercana) con sus padres, en la que se allegan por amor y agradecimiento.

En el Nuevo Testamento, Jesús vino a mostrarnos a Dios como Abba, el Padre celestial. Su paternidad nos fue revelada a través de la presencia de su Hijo, relación espiritual mediante la fe que nos permite gozar de la comunión de Dios como sus hijos e hijas.

Mateo 7.11 dice: «Pues si vosotros, siendo malos, sabéis dar buenas dádivas a vuestros hijos, ¿cuánto más vuestro Padre que está en los cielos dará buenas cosas a los que le pidan?»

Jesús identificó a los hijos del Padre.

Mateo 13.38 dice: «El campo es el mundo; la buena semilla son los hijos del reino, y la cizaña son los hijos del malo».

Los hijos del Padre son los hijos del reino de Dios, plantados en el mundo como una buena semilla.

CADA ETAPA DEL HOMBRE, MANIFIESTA LOS CAMBIOS DE SU DESARROLLO

Los hijos de Dios, herederos del reino, pasamos por diferentes etapas en lo espiritual. Así como en lo natural existen diferentes niveles de madurez en las etapas de nuestro crecimiento, ocurre también con nuestra vida de fe; y para ello existen tres diferentes palabras que describen a un hijo.

Dios, nuestro Padre, nos ama a todos por igual y es quien nos acompaña en cada etapa de nuestro desarrollo. La única diferencia evidente es que solamente los hijos maduros conquistan su porción total, razón por la que el Señor anhela vernos crecer, para que poseamos las promesas dadas por Él.

La Biblia usa la palabra «**Nepios**» para describir a un hijo pequeño, de corta edad.

La Biblia usa la palabra «**Teknon**» para describir a un hijo joven, inmaduro, adolescente.

La Biblia usa la palabra «**Huios**» para describir a un hijo maduro.

En este capítulo definiré las principales características de estas tres etapas en la vida de un hijo de Dios. Espero que al final, sepa con claridad en qué etapa de crecimiento está usted como hijo o hija de Dios.

El hijito pequeño: El bebe espiritual

Mateo 21.14-16: «Y vinieron a él en el templo ciegos y cojos, y los sanó. Pero los principales sacerdotes y los escribas, viendo las maravillas que hacía, y a los muchachos aclamando en el templo y diciendo: ¡Hosanna al Hijo de David! se indignaron, y le dijeron: ¿Oyes lo que éstos dicen? Y Jesús les dijo: Sí; ¿nunca leísteis: De la boca de los niños [**hijitos**] y de los que maman perfeccionaste la alabanza?»

Jesús aquí nos enseña que los hijitos pequeños son los primeros que alaban a Dios con libertad. Que no sienten vergüenza ni sufren de complejos para demostrar su alegría y gozo en la presencia del Señor. Los hijitos le dan una alabanza perfecta, pero…

> *Los hijitos sólo alaban al Señor cuando ven milagros y maravillas. Estos son los que buscan las manifestaciones de poder. Son quienes van de culto en culto buscando experiencias basadas en sentimientos de alegría y euforia.*

Los que rodeaban a Jesús estaban alabando en el templo porque Cristo había sanado a los ciegos y a los cojos. Esos muchachos gritaban «¡Hosanna! ¡Salvación!» porque Jesús estaba manifestando su poder y unción. Pero en el tiempo de la prueba y la persecución, los hijitos no alaban, se callan.

> *Los hijitos no pueden tener una relación madura con el Padre porque siempre buscan sentir y experimentar alguna manifestación tangible de la presencia de Dios. Son los hijitos quienes continuamente están presentando alguna necesidad, siempre rogando por un milagro de parte de Dios.*

Gálatas 4.3: «Así también nosotros, cuando éramos niños [**hijitos**], estábamos en esclavitud bajo los rudimentos del mundo».

Los hijitos son esclavos de los elementos de su medio ambiente. El niño desarrolla su identidad imitando a los mayores. El hijito espiritual es también esclavo de las costumbres básicas de su medio ambiente religioso. El hijito todavía no desarrolla su identidad, imita lo que ve. El bebé espiritual se deja llevar por la mayoría, aun dentro de la iglesia y copia todo lo que ve.

Este pasaje nos muestra que los elementos básicos (los rudimentos) son del mundo. La Biblia define «mundo» como el «cosmos». *Cosmos* significa «cobertura, ornamento, adorno». De esta palabra se deriva la palabra «cosmético», porque el cosmético cubre, adorna.

> *Los hijitos son esclavos de los elementos básicos de las coberturas y de los ornamentos, privados por la ceguera que estos producen de conocer o ver la esencia de las cosas. Muchos, aunque tienen años en la iglesia, juzgan todas las cosas por los "adornos externos" y no por la esencia. Muchos juzgan a las personas por su manera de vestir, por su nacionalidad, por su status social o por su status eclesiástico. Estos son hijitos pequeños, bebitos en el reino de Dios.*

Estos hijitos no pueden tener una relación madura con el Padre porque su entendimiento espiritual es muy superficial, razón por la que aún no podrán recibir las verdades profundas del corazón del Padre celestial.

Efesios 4.14: «Para que ya no seamos niños [**hijitos**] fluctuantes, llevados por doquiera de todo viento de doctrina, por estratagema de hombres que para engañar emplean con astucia las artimañas del error, sino que siguiendo la verdad en amor, crezcamos en todo en aquel que es la cabeza, esto es, Cristo».

> *Los hijitos son aquellos que fluctúan de una doctrina a otra, siguiendo las doctrinas de hombres, teología desarrollada por personas que usan artimañas para mantener a la gente inmadura e ignorante; sometida a dogmas que no están basados en*

la verdad, ni en el amor de Cristo. Estos hijitos no crecen por-
que no pueden llegar a conocer a Cristo como su cabeza, como
su Señor. Los hijitos fluctúan de una crisis a otra, de un con-
flicto a otro, carentes del carácter de Jesús; sin alcanzar madu-
rez para que puedan atravesar las tormentas de la vida con
paz y seguridad.

Los hijitos no podrán tener una relación madura con el Padre porque siempre están en medio de una crisis, porque siempre se encuentran luchando para vencer algún ataque del enemigo. La crisis más
profunda de esos hijitos es que no conocen a Cristo como su cabeza,
razón por la que siempre se estarán esforzando para cumplir con los
requisitos de las ideas dogmáticas (prácticas) de los hombres para agradar al Padre. Estos son los que nunca se sienten dignos delante de la
presencia del Padre.

La inmadurez tiene el poder de someter al hombre a una realidad contraria a lo que él es en Cristo

Romanos 2.20:

«Instructor de los indoctos, maestro de niños [**hijitos**], que
tiene en la ley la forma de la ciencia y de la verdad».

Los hijitos tienen en las leyes religiosas una «forma» de la ciencia y
de la verdad. ¿Qué es una forma? Es «la apariencia externa de algo». Por
ejemplo, nosotros podemos contemplar la forma de un edificio. La forma, su apariencia externa, nos muestra muchas características de dicho
edificio, pero no nos muestra la totalidad. Para ver el edificio en su
totalidad debemos entrar, pasar por todas las puertas, caminar por
todas las habitaciones para después tener un cuadro completo.

Si solamente contemplo la forma, obtendré parte de lo que tiene o
es, sin alcanzar el pleno conocimiento de ese edificio. Podemos tener la

misma experiencia con una persona. Si sólo conocemos la forma, su apariencia externa, nunca conoceremos a esa persona en su totalidad.

El hijito del reino solamente conoce la ley de Dios muy superficialmente. El hijito espiritual percibe las leyes de Dios como leyes externas, leyes que gobiernan sus comportamientos externos. Todavía no ha recibido la esencia de la sabiduría ni la verdad de Dios que es revelada por el Espíritu Santo. ¡Todavía no ha recibido la revelación de la esencia del reino de Dios, que nada tiene que ver con formas de comportamiento!

«Porque el reino de Dios no es comida ni bebida, sino justicia, paz y gozo en el Espíritu Santo» (Romanos 14.17).

Los hijitos se gobiernan por leyes que determinan qué comida comerán, qué bebida beberán, con qué ropa se vestirán, qué términos teológicos usarán para pronunciar verdades que van mucho más allá de expresiones humanas.

Esos hijitos espirituales no pueden tener una relación madura con el Padre porque siempre estarán preocupados en agradar a Dios con su comportamiento, con su disciplina y con sus esfuerzos religiosos. Son los que no pueden tener intimidad con Dios, ni deleitarse en su presencia. Son los que pasan horas orando pero no se sienten cómodos en la presencia del Padre amoroso.

Gálatas 4.1-2: «Pero también digo: Entre tanto que el heredero es niño [**hijito**], en nada difiere del esclavo, aunque es señor de todo; sino que está bajo tutores y curadores hasta el tiempo señalado por el padre».

Los hijitos se comportan como esclavos con su Padre celestial. Ignoran que buscan su favor como pordioseros, como mendigos. No han comprendido que son herederos de todo lo que el Padre celestial posee. Por eso el Padre debe asignarles tutores [guías] para que se les enseñe que no son esclavos, sino hijos del Padre.

Siempre me encuentro con creyentes que por la manera de hablar, por sus oraciones y peticiones demuestran que son hijitos. Cuando se acercan al altar, lo hacen con una mentalidad de esclavos, rogando y pidiendo el favor de Dios como algo que no se merecen. Ese es el comportamiento de un esclavo, no el de un hijo.

> «Cuando yo era niño, hablaba como niño, pensaba como niño, juzgaba como niño; mas cuando ya fui hombre, dejé lo que era de niño» (1 Corintios 13.11).

Estos hijitos espirituales no pueden tener una relación madura con el Padre porque nunca se acercan al trono confiadamente, sino con temor, atormentados por el miedo a ser castigados o rechazados. Estos son los que continuamente oran pidiendo liberación para ser sacados de alguna adversidad.

1 Corintios 3.1-3: «De manera que yo, hermanos, no pude hablaros como a espirituales, sino como a carnales, como a niños [**hijitos**] en Cristo. Os di a beber leche, y no vianda; porque aún no erais capaces, ni sois todavía, porque aún sois carnales; pues habiendo entre vosotros celos, contiendas y disensiones, ¿no sois carnales, y andáis como hombres?»

Recuerdo tantas veces ver a mi hijito jugando con sus primos. Aunque tenían muchos juguetes, siempre se peleaban porque no sabían compartir.

> *Los hijitos espirituales son aquellos que todavía tienen celos de otros hermanos en el reino de Dios, porque posiblemente tienen otros dones, otra posición… Dando lugar por esta actitud celosa a contiendas y conflictos.*

En la iglesia de Corinto, la mayoría de los creyentes eran hijitos de poca edad espiritual. Como tales, se habían dividido en grupos, unos se llamaban del grupo de Pablo, otros seguían las enseñanzas de Apolos, otros a Pedro y los más estrictos decían que pertenecían al grupo de Cristo. ¡Qué triste! Hoy tenemos tantos grupos eclesiásticos que viven comparándose por su nivel de pureza, por su compromiso con ciertas doctrinas o por su historia. Aunque tienen muchos años en la iglesia de Cristo y muchos títulos, la realidad es que todavía son hijitos espirituales.

Estos hijitos espirituales no tendrán una relación madura con su Padre, porque todavía no han quitado su mirada de sí mismos para mirar a Jesús. Se quejarán como víctimas de ataques de otros hermanos sin medir las consecuencias con el cuerpo de Cristo.

Repasemos:

Los hijitos se describen como…

1. Aquellos que alaban al Señor cuando ven milagros y sus emociones son agitadas.

2. Aquellos que no han desarrollado una identidad propia e imitan a la mayoría.

3. Aquellos que fluctúan entre los dogmas de los hombres y no conocen a Cristo como su cabeza.

4. Aquellos que juzgan por las apariencias externas.

5. Aquellos que se comportan como esclavos, tratando de ganarse el favor de Dios.

6. Aquellos que tienen celos de otros en la familia de Dios y se dividen en grupos.

LA INMADUREZ ES UNA ETAPA TRANSITORIA EN EL CRECIMIENTO DEL SER HUMANO, NO UN MODO DE VIDA PERMANENTE

Los adolescentes

La primera vez que esta palabra se usa en el Nuevo Testamento, se refiere a Jesús.

Lucas 2.48:

«Cuando le vieron, se sorprendieron; y le dijo su madre: Hijo [**joven**], ¿por qué nos has hecho así? He aquí, tu padre y yo te hemos buscado con angustia».

Hasta el día de hoy, los jóvenes judíos entran a la madurez a los trece años de edad. Jesús tenía doce años cuando fue llevado a Jerusalén para la celebración de las fiestas principales de los judíos. Las familias viajaban juntas hacia aquel lugar y muchas veces por varias semanas. A Jesús y su familia, como provenían de Galilea, del pueblo de Nazaret, ese viaje les tomaba de una a tres semanas.

Al término de dicha celebración, María y José partieron en caravana de regreso a Nazaret y no pudiendo encontrar a Jesús, lo buscaron por días con mucha angustia. Después de tres días intensos de búsqueda y gran preocupación, encontraron a Jesús, el joven, en el templo sentado en medio de los doctores de la ley; oyéndoles y preguntándoles.

El ejemplo que Jesús nos dio es que un joven espiritual solamente oye y hace preguntas. Un joven espiritual no está listo para enseñar, porque solamente puede aprender sentado en medio de maestros. La Biblia dice que Jesús volvió a Nazaret, que estaba sujeto a sus padres y crecía en sabiduría, y en gracia para con Dios y los hombres.

Romanos 8.16: «El Espíritu mismo da testimonio a nuestro espíritu, de que somos hijos de Dios».

Un joven espiritual ya no es un hijito. El joven espiritual tiene conciencia de que Dios es su Padre y que es su descendiente, que ha sido engendrado por Dios. En esta etapa, el creyente entiende bien que es un hijo y que no debe rogar ni mendigar a su Padre. Comprende que Dios es su Padre y que lo ama. Tiene una conciencia muy clara de las bendiciones que su Padre tiene para él y sabe reclamarlas. Y aunque ha aprendido a recibir y a esperar en su Padre proveedor, todavía no tiene el carácter y la personalidad de su Padre.

Así son los jóvenes… tienen privilegios, conocimiento, habilidades pero aun así están carentes de experiencia; todavía no han desarrollado su carácter. Un típico adolescente puede ya tener su trabajo, puede sentirse amado por sus padres y hasta puede tomar decisiones por su cuenta. Pero muchas veces las decisiones que toman los jóvenes son apresuradas, inmaduras por falta de carácter, justamente, por falta de experiencia.

Lucas 15.31: «Él entonces le dijo: Hijo, tú siempre estás conmigo, y todas mis cosas son tuyas».

Esas son las palabras que un padre le dijo a su hijo mayor cuando este no quiso ser parte de la fiesta preparada en honor a su hermano pródigo. El padre llama a su hijo mayor «joven», porque aunque era el mayor, se estaba comportando como un muchachito inmaduro.

El hijo mayor no se regocijó con la llegada de su hermano menor. Su inmadurez lo cegó de manera tal que estaba muy airado con su padre porque había demostrado misericordia y perdón hacia su otro hijo. Su actitud no cambió y terminó deshonrando a su padre al negarse a estar en la celebración. Este se mantuvo convencido de que su queja con tono de acusación hacia su padre injusto, estaba en todo derecho de hacerse, dado que él afirmaba que nunca se le había hecho una fiesta en su honor, permaneciéndole fiel.

> *Aunque era hijo y heredero de todas las riquezas de su padre, ese muchacho estaba más interesado en las cosas naturales, en las riquezas y en su parte de la herencia, que en el corazón de su padre. Esta es una característica muy común en los hijos espirituales inmaduros porque se esfuerzan en el reino de Dios pero lo hacen por intereses egoístas. El joven espiritual sirve al Señor para agradar a los hombres, ofrenda para que Dios lo prospere, se entristece cuando Dios no responde a sus peticiones rápidamente y busca siempre ser honrado.*

El joven espiritual busca más las bendiciones que el deleite del corazón del Padre.

EL HIJO JOVEN SABE QUE ES AMADO INCONDICIONALMENTE, AUNQUE ÉL PUEDA QUERER CON CONDICIONES

Marcos 10.24: «Los discípulos se asombraron de sus palabras; pero Jesús, respondiendo, volvió a decirles: Hijos, ¡cuán difícil les es entrar en el reino de Dios a los que confían en las riquezas!»

En este pasaje Jesús se encontró con un joven rico. Este joven no había trabajado para tener riquezas, pues había heredado mucho dinero de su familia. Razón por la que le preguntó a Jesús cómo se heredaba la salvación.

El versículo 21 dice: «Entonces Jesús mirándole, le amó y le dijo: Una cosa te falta: anda, vende todo lo que tienes, y dalo a los pobres, y tendrás tesoro en el cielo; y ven, sígueme, tomando tu cruz».

El joven siguió su camino muy triste porque no estaba dispuesto a dar todas sus riquezas a los pobres. ¡Los discípulos quedaron maravillados con las palabras de Jesús! Era un joven rico, muy religioso, y tenía una posición de altura en la comunidad; aparentemente poseía todas las características de una persona bendecida por Dios. ¡Los discípulos quedaron impresionados por la apariencia de prosperidad y éxito en él!

¡Pero Jesús vio mucho más allá de su apariencia y su religión!

Los jóvenes inmaduros creen que las bendiciones materiales y las posesiones de honra son señales de la aprobación de Dios.

Los discípulos de Jesús: Hijitos

Jesús siempre llamó a sus discípulos «**Hijitos**». No los llamó hijitos pequeños, bebitos. Los llamo jóvenes, muchachos.

En los siguientes ejemplos, veremos cómo Pedro, Tomás, Felipe y Judas muestran con sus palabras y actitudes el comportamiento de un joven espiritual.

• Pedro

«Hijitos [**jóvenes**] aún estaré con vosotros un poco. Me buscaréis; pero como dije a los judíos, así os digo ahora a vosotros: A donde yo voy, vosotros no podéis ir».

«Le dijo Simón Pedro: Señor, ¿a dónde vas? Jesús le respondió: A donde yo voy, no me puedes seguir ahora; mas me seguirás después. Le dijo Pedro: Señor, ¿Por qué no te puedo seguir ahora? Mi vida pondré por ti» (Juan 13.33, 36-37).

En este pasaje del Evangelio de Juan, Jesús comparte las últimas horas de su vida con sus discípulos. Jesús estaba preparando el corazón de los discípulos porque su muerte se acercaba, y también su resurrección y su glorificación a la diestra del trono del Padre.

«¿Tu vida pondrás por mí? De cierto, de cierto te digo: No cantará el gallo, sin que me hayas negado tres veces» (v. 38).

Las palabras de Pedro estaban impregnadas de entusiasmo, por eso prometió dar su vida por Jesús, pero Dios conoce hasta dónde llega nuestro compromiso. Tanto la jactancia como la autosuficiencia no sólo manifiestan falta de madurez, sino la no comprensión de un corazón que todavía no ha sido procesado por las manos del Alfarero. La autoconfianza puede hacernos creer como a Pedro…«que estamos listos», «que sabemos cómo hacerlo…» hasta que el Cristo resucitado nos responda: «*Estás listo para hacer todo aquello que requiere de tus fuerzas, sacrificio o entrega humana; pero no estás dispuesto aún a vivir para mí y mucho menos para hacer lo que he hecho con otros*».

Pedro es tipo de los jóvenes espirituales que están dispuestos a servir a Dios con todo su corazón pero no han considerado el precio que deben pagar. Son los jóvenes espirituales que están dispuestos a dar su vida por el evangelio pero no tienen el carácter necesario para enfrentar las pruebas y los desafíos. Son los creyentes que luego de comenzar bien, fallan porque en medio de una prueba, de una tentación niegan su fe y su llamado.

• Tomás

«Y si me fuere y os preparare lugar, vendré otra vez, y os tomaré a mí mismo, para que donde yo estoy, vosotros también estéis. Y sabéis a donde voy, y sabéis el camino» (Juan 14.3-4).

Jesús va más allá de su muerte. Ahora habla de su ascensión después de su muerte y resurrección. Jesús declara que después de su resurrección, irá al Padre y ellos estarán también con Él. Usa una expresión muy directa: Ustedes «ven» a donde voy y ustedes «ven» el camino. Así como el Señor está en el Padre, Él anhelaba que sus discípulos también estuviesen en el Padre. Sabía que sólo mediante su muerte y resurrección introduciría a sus discípulos en sí mismo. Porque si Él está en el Padre, ellos también están en el Padre al estar en Él.

Después de tres años y medio de estar con Jesús, los discípulos ya debían haber entendido hacia dónde iba Él después de su resurrección. Los discípulos habían visto evidencias visibles de lo que Jesús estaba hablando.

Sin embargo, Tomás dijo:

> «Señor, no sabemos a dónde vas; ¿cómo, pues, podemos saber el camino» (v. 5).

En otras palabras, Tomás declara que no podía «ver» hacia dónde iba Jesús y que no podía «ver» el camino que Jesús iba a tomar. Porque quería ver, quería mirar con sus ojos naturales, el camino que Cristo tenía para ellos. Por eso Jesús le responde:

> «Yo soy el camino, y la verdad, y la vida; nadie viene al Padre, sino por mí» (v. 6).

Tomás quería ver y percibir con sus ojos naturales. No entendía que el camino no era una manera, un estilo, una fórmula o una experiencia mística; sino que es una persona. El camino para que el hombre pueda entrar en Dios es el Señor mismo, Jesucristo. Así como el camino es una persona viviente; el lugar adonde el Señor introduce al hombre es una persona viviente, es el mismo Dios Padre. Tomás no entendió que Jesús era, es y será el único camino porque es a la vez Dios y hombre. Por eso cuando nos unimos a Él, nos unimos con Dios.

En varias oportunidades me he encontrado con un compañero en el ministerio, amigo de muchos años. Y todas las veces que hemos

tenido la oportunidad de tener un tiempo para charlar, para con-
fraternizar, me habla del hambre que tiene por Dios. Al principio
yo admiraba mucho esa actitud, pero al pasar los años, he notado
que siempre habla de su hambre pero nunca me dice que Dios le
está impartiendo más de su presencia, satisfaciendo esa hambre.

Los jóvenes espirituales son creyentes que buscan experiencias místicas, nuevas revelaciones, estrategias y conocimientos que los llevarán más cerca del corazón de Dios.

Los jóvenes espirituales son aquellos cristianos que no se conforman con tener una comunión simple y sencilla con Jesús. Siempre están buscando ver y experimentar algo y nunca están satisfechos con su relación con Dios.

LOS JÓVENES ESPIRITUALES ESTÁN DISPUESTOS A SERVIR A DIOS CON TODO SU CORAZÓN, PERO NO CONSIDERAN EL PRECIO QUE DEBEN PAGAR

- **Felipe**

«Si me conocieseis, también a mi Padre conoceríais; y desde ahora le conocéis, y le habéis visto. Felipe le dijo: Señor, muéstranos el Padre, y nos basta» (Juan 14.7-8).

Felipe no entendía que todo lo que hacía Jesús, lo estaba haciendo el Padre. Jesús repitió muchas veces que las palabras que hablaba, eran las palabras del Padre y las obras que hacía eran las obras del Padre. En otras palabras, Jesús le explicó a Felipe que verlo a Él es ver al Padre, que conocerlo a Él es conocer al Padre; que toda búsqueda de Dios, de la verdad y de la realidad, conduce a Cristo. Por eso Jesús tuvo que responder:

«¿Tanto tiempo hace que estoy con vosotros, y no me has conocido, Felipe? El que me ha visto a mí, ha visto al Padre; ¿cómo, pues, dices tú: Muéstranos el Padre?» (v. 9)

Felipe no entendía que conocer a Jesús, era conocer al Padre. Que el Padre es expresado en el Hijo entre los creyentes.

El joven espiritual, aunque ve evidencias de Cristo en su vida, no entiende todavía que la fuente de su vida, de su poder y de su unción es Cristo. De la misma manera que Felipe no entendía que el Padre estaba haciendo y hablando a través de Cristo, el joven espiritual todavía no entiende que Cristo quiere hacer y hablar a través de su vida. Por eso, el joven espiritual siempre pide una manifestación, una prueba de que Jesús es real en su vida.

• Judas

«El que tiene mis mandamientos, y los guarda, ese es el que me ama; y el que me ama, será amado por mi Padre, y yo le amaré, y me manifestaré a él» (Juan 14.21).

Jesús explicó que se manifestaría a sus discípulos en respuesta a su amor y obediencia. La palabra *manifestar* significa «exhibir públicamente, mostrarse visiblemente». Les estaba enseñando que todo aquel que obedece con amor los mandamientos de Cristo, experimentará un conocimiento más íntimo de Él. Que si aman y obedecen a Jesús experimentarán compañerismo con Dios. Que amarle a Él es compromiso y obediencia a lo que dice la Palabra. ¡Que una persona que no ama Jesús, no le obedecerá!

«Le dijo Judas (no el Iscariote): Señor, ¿cómo es que te manifestarás a nosotros, y no al mundo?» (v. 23)

Los discípulos no entendían por qué Jesús no se revelaba al mundo como el Mesías, dado que esperaban que estableciera un reino terrenal y que derrocara a Roma. Judas no podía comprender cómo era que Jesús se mostraría a ellos solamente en secreto, que sería visible sólo a un grupo exclusivo, abrazando la idea que esta promesa era única para el pueblo judío. Pero Jesús conociendo sus corazones, dijo:

«El que me ama, mi palabra guardará; y mi Padre le amará, y vendremos a él, y haremos morada con él» (v. 23)

Lejos de la suposición de Judas, la promesa de Jesús es para todos aquellos que le aman. Estableciendo una vez más aquí, que la obediencia que Él requiere no proviene de la obligación, sino del amor. Porque todo aquel que ame a Jesús, será un tabernáculo de la presencia del Padre y también del Hijo.

Los jóvenes espirituales son creyentes que tienen orgullo religioso. Piensan que como han tenido algunas experiencias con Dios, han sido usados como instrumento de bendición, son especiales.

Los jóvenes espirituales se conducen como personas en otro nivel, hasta llegar al punto de evitar el contacto con la gente, tanto creyente como no creyente. Todavía no conocen el perfecto amor, por lo tanto no pueden amar al Señor con todo su corazón porque si no obedecerían el mandamiento principal de amarnos los unos a los otros.

1 Pedro 1.14: «Como hijos [**jóvenes**] obedientes, no os conforméis a los deseos que antes teníais estando en vuestra ignorancia».

He conocido a personas que son salvas, llenas del Espíritu Santo y llamadas a servir a Dios. Pero a través de los años, he visto cómo todavía se comportan como la gente del mundo, usando estrategias comerciales, maniobras políticas, hablando palabras mentirosas, destruyendo a su hermano y tratando a sus compañeros con violencia. Aunque aparentemente tengan una medida de éxito en su vida, son jóvenes espirituales. Todavía están reteniendo los deseos que tenían antes de conocer a Cristo.

Conocí a una persona que había sido pandillero en su vida de pecado. Después de muchos años en posición de liderazgo, todavía había vestigios de lo que fue.

Muchas veces me pregunté acerca de esos comportamientos del pasado en personas cristianas. Pues, ahora entiendo por qué el apóstol Pedro nos manda a ser obedientes, a romper las formas de esas lujurias y deseos incontrolables de egoísmo, ambición y deleite propio.

Es cierto que luego que las personas dedican su vida a Cristo, aún sienten cierta atracción por sus costumbres pasadas. Pero la Palabra de Dios nos enseña a mantenernos «constantemente» atentos por nosotros mismos y por todo aquello que pueda llevarnos a pecar. Sin embargo, debemos ser personas que obedezcan diligentemente. Llamados a ser diferentes al mundo, no por raros, sino por manifestar a Dios en nosotros. En otras palabras, no podemos amoldarnos ni tomar la forma del mundo, estar en estado de confusión o transitar por caminos de error.

Los jóvenes espirituales son creyentes que aman al Señor pero todavía retienen costumbres arraigadas en su corazón de su vida en el mundo. Esos deseos no producen sabiduría porque están fundamentados en la ignorancia. Esos deseos llevan al joven espiritual a comportamientos ignorantes, carentes de la sabiduría de Dios.

Los jóvenes espirituales pretenden convivir con las costumbres carnales, la vida espiritual

Gálatas 4.19: «Hijitos [**Jóvenes**] míos, por quienes vuelvo a sufrir dolores de parto, hasta que Cristo sea formado en vosotros».

Aquí Pablo define el carácter de un joven espiritual. El joven es nacido de Dios, es hijo legítimo del Padre. Pero todavía no ha formado el carácter de su Maestro. Es imprescindible que Cristo sea formado en nosotros para que alcancemos la madurez y por ella las bendiciones que heredamos en Cristo Jesús.

¿Cuál es el carácter y el Espíritu de Cristo?

Los discípulos de Jesús, los jóvenes que caminaron con él por tres años y medio, aunque lo conocían personalmente, no tenían el carácter de su Maestro. En las últimas horas de Jesús con ellos, Juan y Jacobo le presentaron una gran petición. Esos dos jóvenes espirituales querían sentarse a la derecha y a la izquierda de Cristo en su reino.

Querían una posición de privilegio, de honra al lado del Rey en el cielo. Poseían fe pero sus motivaciones eran egoístas, pues lo que buscaban no era glorificar a Dios, sino a sí mismos. A esto Jesús les respondió que no había venido para ser servido, sino para servir y para dar su vida para redimir a muchos. ¡Ese es el verdadero carácter de Cristo!

El carácter de Cristo es servicio, es amor por las almas hasta el punto de que sacrifiquemos nuestras vidas. El carácter del joven espiritual requiere posición de admiración delante de su prójimo, necesita ser honrado por el hombre.

Repasemos:

Los jóvenes se describen como:

1. Aquellos que tienen conciencia de la paternidad de Dios pero no han desarrollado el carácter de Cristo en sus vidas.

2. Buscan más las bendiciones de Dios más que el deleite del corazón del Padre.

3. Ven al éxito y a la prosperidad material como pruebas de la aprobación del Padre.

4. Están dispuestos a servir a Cristo sin primeramente considerar el precio a pagar.

5. Están dispuestos a servir a Cristo porque tienen determinación, talentos y conocimiento, aunque no tienen una revelación íntima y madura de Él.

6. Sirven con sus fuerzas no entendiendo que el Señor es el que está obrando a través de sus vidas.

7. Sirven en el reino de Dios por posiciones y no por amor a las almas.

8. Son gobernados por deseos de su pasada vida de pecado.

9. El carácter de Cristo, el espíritu de servicio, no ha sido formado en ellos.

Estos jóvenes espirituales no están listos para conquistar. No están listos para tener una relación madura e íntima con el Padre. No están preparados para descansar con gozo y paz en

medio de las crisis de la vida. No están listos para ser testimo-
nios vivos a un mundo que necesita ver cómo se comportan los
hijos y las hijas de Dios.

Así no es con los hijos maduros.

Los hijos maduros

1. Romanos 8.14:

«Porque todos los que son guiados por el Espíritu de Dios,
estos son hijos [**maduros**] de Dios».

Los hijos maduros del Padre son los que se dejan guiar por el Espíritu Santo.

Recuerdo, cuando frente a las decisiones de la vida, me dejaba guiar por mis emociones. Ante esos momentos, mi reacción inmediata era buscar en mi archivo de experiencias y conocimientos, una respuesta. Ahora, todo aquello me causa gracia, y he aprendido que cuando esas situaciones se presentan, mi primera reacción es esperar que el Espíritu Santo me ilumine, me guíe a toda sabiduría.

La palabra «guiar» significa «mucho más que llevar a alguien de la mano». Pues, significa «ser llevado de la mano hasta la destinación final». Solamente el hijo maduro del Padre está dispuesto a ser guiado por el Espíritu Santo hasta la solución final de una crisis, hasta la conclusión de cualquier situación de la vida, por más difícil que sea.

Solamente el hijo maduro suelta las riendas de su vida y permite que el Espíritu Santo lo lleve hasta el final: el cumplimiento de los propósitos de Dios en su vida.

Jesús, el Ejemplo supremo.

Las cuatro dimensiones del Espíritu Santo en la vida de Jesús:

A. Lucas 3.22

«Y descendió el Espíritu Santo sobre él en forma corporal,
como paloma, y vino una voz del cielo que decía: Tú eres
mi Hijo [**maduro**] amado; en ti tengo complacencia».

En la primera etapa, el Espíritu Santo descendió y reposó sobre Jesús en el día de su bautismo en el Jordán. Y fue en esa oportunidad cuando el Padre declaró que Jesús era un hijo maduro porque había sabido esperar el día de su manifestación.

Jesús tenía ya treinta años de edad y, para un hombre judío, tener esa edad significaba ser un anciano; dado que los rabinos comenzaban su entrenamiento religioso a los veintinueve años. Sin embargo, Jesús esperó con paciencia hasta los treinta, a que el Espíritu Santo descendiera sobre Él para comenzar su ministerio.

Por eso el Padre declaró que era un hijo maduro, un hijo que le daba deleite.

B. Lucas 4.1

«Jesús, lleno del Espíritu Santo, volvió del Jordán, y fue llevado por el Espíritu al desierto».

Ahora, lleno del Espíritu Santo, Jesús fue guiado por el Espíritu al desierto para ser probado. Cuando un hijo maduro es lleno del Espíritu Santo, el mismo Espíritu lo controla y dirige.

La palabra *llenar* significa «colmar abundantemente», «hecho lleno, pleno». En otras palabras, significa «contener en nuestros cuerpos humanos, la plenitud de Dios».

SOLAMENTE LOS HIJOS MADUROS PERMITEN QUE EL ESPÍRITU SANTO LOS GUÍE A SER PROBADOS

En el desierto el Hijo maduro de Dios fue probado en tres aspectos:

1. Prueba física: Satanás quería que Jesús usara su divino poder para suplir, fuera de la voluntad de Dios, sus necesidades. Satanás lo tentó a usar su unción para satisfacer su apetito natural, dado que estaba en ayuno.

Los hijos maduros no usan su unción espiritual para satisfacer sus apetitos naturales. Los hijos maduros se alimentan de toda palabra que sale de la boca del Padre.

2. Prueba mental: Satanás citó la Palabra de Dios, desafiándolo a someterse a ella. Pero con el poder del Espíritu Santo, Jesús usó la «espada del Espíritu» para derrotar al tentador.

Solamente los hijos maduros del Padre son guiados por el Espíritu para emplear la Palabra de Dios con discernimiento y sabiduría. Son los hijos maduros quienes han aprendido a usar bien la «espada del Espíritu».

3. Prueba espiritual: Satanás le estaba ofreciendo la oportunidad de reinar sobre todos los reinos si se postraba ante el enemigo. Como una forma de escape de Jesús a la cruz.

El hijo maduro ama, sirve y adora al único que merece la gloria, Dios. El hijo maduro tiene claro el orden de prioridad en su vida. Sabe que obedecer a la Palabra de Dios le garantiza la victoria y la unción puede reposar sobre él.

C. Lucas 4.14-15

«Y Jesús volvió en el poder del Espíritu a Galilea, y se difundió su fama por toda la tierra de alrededor. Y enseñaba en las sinagogas de ellos, y era glorificado por todos».

Después de que el Espíritu Santo reposó sobre Él, después que el Espíritu Santo lo llenó y lo guió; ahora Jesús vuelve a Galilea «en el poder» del Espíritu. Recién entonces, es cuando comenzó su ministerio en el poder y en la habilidad del Santo Espíritu, no en su propio poder.

Solamente un hijo maduro de Dios conduce su vida y su ministerio bajo el poder del Espíritu Santo. El hijo maduro comprende que es mejor morir a sus esfuerzos y rendirle el señorío de todo lo que es, para que por Él sea afectado en lo que hace y dice, además de que es guiado por la dirección divina.

D. Lucas 4.18

«El Espíritu del Señor esta sobre mí, por cuanto me ha ungido para dar buenas nuevas a los pobres; me ha enviado a sanar a los quebrantados de corazón; a pregonar libertad a los cautivos, y vista a los ciegos; a poner en libertad a los oprimidos; a predicar el año agradable del Señor».

El Espíritu Santo reposó sobre Él, lo llenó y lo guió, y lo envió a ministrar con su poder. El Espíritu Santo lo ungió. Es decir, el mismo Espíritu fue la unción...

- La unción lo capacitó para anunciar el evangelio, la buena voluntad del Señor, al mundo.
- La unción lo capacitó para libertar a los pobres de espíritu en las cosas espirituales.
- La unción lo capacitó para liberar de toda esclavitud a los cautivos por Satanás.
- La unción lo capacitó para quitar toda ceguera física y espiritual.
- La unción lo capacitó para restaurar los corazones desalentados por situaciones de la vida.
- La unción lo capacitó para anunciar el año agradable del Señor sobre todo hombre, mujer, niño, joven y anciano. ¡El comienzo de un nuevo tiempo en Dios!

Solamente un hijo maduro que ha sido probado física, mental y espiritualmente, y ha pasado el examen, puede ser ungido para ministrar con la unción de Jesús.

2. Gálatas 3.24-27

> «De manera que la ley ha sido nuestro ayo, para llevarnos a Cristo, a fin de que fuésemos justificados por la fe. Pero venida la fe, ya no estamos bajo ayo, pues todos sois hijos [maduros] de Dios por la fe en Cristo Jesús».

Los hijos maduros del Padre han recibido la revelación de la salvación por la fe en Cristo Jesús. Esa revelación no es un simple principio teológico. Es una verdad que transforma nuestras vidas.

Los hijos maduros entienden que nunca seremos salvos por nuestras obras. Sino que somos salvos porque el Padre ha transferido los treinta y tres años de perfección y pureza, la muerte y resurrección de Cristo a nuestra vida.

¿Qué significa eso?

Que nuestra fe en Cristo, a medida que crece en nosotros, no sólo nos alcanza con las riquezas abundantes que en Él habitan, sino que además diariamente nos vamos identificando más de cerca con la persona de Jesús. El poder del Espíritu Santo en nosotros, la persona del Hijo, con su poder y autoridad no sólo nos capacita para vencer al pecado y al enemigo; nos trasforma en testigos potenciales de su poder; sino que también aprendemos a hacernos uno con su muerte. ¿De qué manera? Aprendiendo a dejar de resistirnos a estar bajo su gobierno, y entregarnos totalmente a ser mudados, a fin de alcanzar la imagen y el corazón de Jesús en nosotros.

EL HIJO MADURO SABE QUE EL ÉXITO RADICA EN LA RENDICIÓN TOTAL DE SU YO AL ESPÍRITU SANTO

Los hijos maduros comprenden que es absolutamente imposible ser perfectos con nuestras propias fuerzas, que no sirve de nada trabajar para nuestras obras externas, sin atender nuestra vida espiritual.

Los hijos maduros han aprendido que no hay nada malo en tropezar, errar o en fallar porque el Espíritu Santo nos hablará desde el corazón del Padre y nos dará dirección y socorro oportuno.

Los hijos maduros hemos comprendido que es mucho mejor callar que hablar. que es mucho mejor llorar que fingir, humillarnos que aislarnos. buscar al Padre que escapar de Él.

Los hijos maduros caminan con confianza absoluta. Ya no se preocupan por su destino eterno. Ahora dedican su vida para conquistar una relación íntima con el Padre, una vida de gozo y paz. Ejecutando los propósitos de Dios en sus vidas e impactando al mundo con un estilo de vida de poder, santidad y excelencia.

3. Gálatas 3.7

«Sabed, por tanto, que los que son de fe, éstos son hijos [**maduros**] de Abraham».

Los hijos maduros son de la fe, son los verdaderos hijos de Abraham. Los hijos maduros pueden ver lo invisible con los ojos de la fe. Abraham fue un hombre que le creyó a Dios, sin tener la Palabra en las tablas de piedra aún. Abraham aunque era muy anciano, le creyó a Dios que sería padre, aunque su esposa Sara era estéril.

Abraham vivió como un extranjero en la tierra que Dios le había dado y vio el cumplimiento de la promesa a través de los ojos de la fe. Abraham no necesitó ver todo el territorio conquistado, sino que se atrevió a comprar una cueva para enterrar a su esposa y a sus descendientes. Con esa cueva, Abraham estaba obteniendo por fe la conquista de todo el territorio.

Abraham se sometió al trato de Dios. No hacía obras para agradar a Dios, sino que creía en Él. Guardar la ley no es suficiente, si no se tiene fe en ella para vivirla, en otras palabras, para ser obediente a la misma voz de Dios. Abraham fue salvo por la fe.

Solamente los hijos maduros pueden confiar en las promesas de Dios aunque no se vea ninguna evidencia.

Solamente los hijos maduros de Dios pueden ver una semilla y declarar que viene abundante cosecha.

Solamente un hijo maduro de Dios puede sentir una gota de lluvia y declarar un diluvio.

Solamente un hijo maduro de Dios puede ver en algo insignificante, algo grande en las manos de Dios.

4. Gálatas 4.6

«Y por cuanto sois hijos, Dios envió a vuestros corazones el Espíritu de su Hijo, el cual clama: ¡Abba, Padre!»

Los hijos jóvenes saben que Dios es su Padre. Pero solamente los maduros han recibido el Espíritu de Cristo que clama «¡Abba, Padre!»

Lucas 22.42:

«Padre, si quieres, pasa de mí esta copa; pero no se haga mi voluntad, sino la tuya».

¿Cuándo declaro Jesús estas palabras? En la cruz, en los momentos más difíciles de su vida. Allí Jesús estaba sometiendo de manera consciente y voluntaria todos sus deseos humanos a la voluntad de su Padre. Él oró para someterse a la voluntad de Dios, no para evitarla.

Lucas 23.46:

«Entonces Jesús, clamando a gran voz, dijo: Padre, en tus manos encomiendo mi espíritu. Y habiendo dicho esto, expiró».

La palabra *encomiendo* significa «depósito», «lo entrego para que se guarde con seguridad». Quiere decir que, aún en el momento más angustiante, el hijo maduro tiene control de sí mismo.

Este es el Espíritu de Cristo, el espíritu del hijo maduro que se encomienda a la voluntad de su Padre aunque esté enfrentando a la misma muerte. Solamente un hijo maduro puede encomendarse al Padre según el Espíritu de Cristo.

Hebreos 12.5:

> «Y habéis ya olvidado la exhortación que como a hijos [**maduros**]
> se os dirige, diciendo: Hijo mío [**maduro**] no menosprecies la
> disciplina del Señor, ni desmayes cuando eres reprendido por él».

La palabra *disciplina* literalmente significa «disciplina de criar o educar a un niño». Así como nuestros padres nos disciplinan para corregirnos, para mostrarnos el camino o para enseñarnos las actitudes correctas que debemos ir incorporando a medida que nos desarrollamos, que vamos creciendo; ocurre también en lo espiritual.

Independientemente de que la disciplina que hayamos recibido fuera correcta o no, en Cristo, el hijo maduro comprende que nuestro Padre celestial nos ama y desea que maduremos.

El hijo maduro comprende que la disciplina divina tiene el propósito de despojarnos de pecados, costumbres, palabras, actitudes o sentimientos que estorban y contaminan, para acercarnos más a la imagen de Cristo.

Un hijo maduro no le teme a la disciplina del Padre, porque sabe que todo lo que su Padre celestial corrija o pida que le entregue de sí, es para vida.

El hijo maduro no se queja ni da lugar en su corazón a pensamientos negativos en contra de su Padre cuando es corregido, porque ha aprendido a conocerse cada vez más a sí mismo, cuando su Padre por amor no ha callado y le ha mostrado qué corazón, qué pensamientos, qué reacciones habitaban en él, cuando él las desconocía.

El hijo maduro aprecia la disciplina del Señor. Valora la corrección porque ve el fruto que se producirá en su vida. El joven inmaduro escapa de la disciplina y ora para que Dios lo libre de las pruebas. El hijo maduro recibe la disciplina con paz, con confianza y no desmaya cuando es reprendido por su Padre porque se siente hijo.

No estoy hablando de soportar la disciplina. Los jóvenes inmaduros la soportan pero los hijos maduros la aprecian.

Apocalipsis 21.7:

> «El que venciere heredará todas las cosas, y yo seré su Dios,
> y el será mi hijo [**maduro**]».

El hijo maduro hereda:

1.   Todas las cosas.
2.   A Dios como su único, íntimo y personal Dios.
3.   La complacencia del Padre.

Cuando Dios dice que el hijo maduro heredará «todas» las cosas, simplemente significa que «todo» lo que le toca heredar como hijo, será suyo. En el lenguaje de Dios «TODO» significa «TODO», absolutamente «TODO».

¿Qué significa «TODO»?

«Así que, ninguno se gloríe en los hombres; porque todo es vuestro: sea Pablo, sea Apolos, sea Cefas, sea el mundo, sea la vida, sea la muerte, sea lo presente, sea lo por venir, todo es vuestro, y vosotros de Cristo, y Cristo de Dios» (1 Corintios 3.21-22).

Esto es **todo** para Dios: el mundo es nuestro, la vida es nuestra, la muerte es nuestra, lo presente es nuestro, el futuro es nuestro... TODO ES NUESTRO.

Pero, ¿para quiénes es esta herencia? Para los hijos maduros.

¿Puede ver en su vida por qué no ha conquistado la herencia de Dios?

Es posible que todavía sea un bebé espiritual.

Es posible que usted sea un joven espiritual.

Pero el Padre desea darle toda su herencia. El padre ya lo ha puesto en la escuela de la madurez, Él ha puesto tutores y maestros para que usted madure como hijo.

¡No escape de la disciplina! ¡No se enoje cuando alguien lo reprenda o le haga ver áreas en su vida que necesitan cambios.

¡El Padre lo está llevando hacia la madurez para que herede todo lo que Él tiene para usted!

En el próximo y último capítulo de este libro el Espíritu Santo nos revelará qué nos espera del otro lado de la puerta. Puerta abierta y preparada para ser traspasada de manera que poseamos todo lo que ya está conquistado. Usted y yo debemos entrar por ella y salir por ella, esto es Cristo; hacia el mundo, para manifestar lo sobrenatural a un mundo limitado por lo natural.

Capítulo 7

El que abre caminos

Hay una conquista maravillosa para los hijos de Dios. Esa tierra prometida es para todos aquellos que no se conforman con los beneficios y las bendiciones fundamentales que obtenemos inicialmente a través del nuevo nacimiento. La salvación es la puerta, la entrada a una vida de comunión con Dios, gozo, paz y propósito.

Juan 10.9 dice:

> «Yo soy la puerta; el que por mí entrare, será salvo; y entrará, y saldrá, y hallará pastos».

Primero, Jesús dijo que Él es la puerta.

La puerta no es el destino final, es solamente la entrada. Ilustremos esta verdad: Digamos que alguien le invita a cenar a su casa. Usted se prepara y sale hacia la casa de la persona que lo invitó. Al llegar, usted se detendrá ante la puerta. Usted ya llegó a la dirección correcta. En la puerta de la casa podrá ver el nombre de la familia que lo invitó, a las personas a través de la ventana y hasta podrá llegar a oler el aroma de la comida que se ha preparado. Todo eso lo puede percibir desde la puerta. Pero si usted se queda ahí, no podrá entrar a la casa para disfrutar de la cena que se preparó y del compañerismo con la familia que lo invitó.

Jesús es la puerta a la vida eterna. Jesús es también la puerta a una vida de comunión, de vida abundante y de triunfo.

Segundo, Jesús dijo que hay que entrar por la puerta.

Por la puerta de la salvación se entra de una sola manera: por la fe en Cristo Jesús. El evangelio es muy simple. Dios es santo y perfecto. El hombre desobedeció al Señor y por eso está destituido de la gloria de Dios. Pero Jesús, a través de su vida, muerte y resurrección pagó por nuestros pecados y desobediencias. Y todo aquel que cree que Jesús pagó por sus pecados en la cruz, será salvo. Todo aquel que cree y confiesa por la fe que Jesús completó la obra de salvación, que recibió perdón en la cruz del Calvario y que nos dio vida eterna, es salvo. Hasta este momento usted ha llegado a la puerta y ya entró. ¡Qué grande es nuestra salvación! En la puerta recibimos la salvación, el perdón y la vida eterna. Pero hay más...

Tercero, Jesús dijo que entraríamos y saldríamos.

¿Qué significa eso? Jesús estaba ilustrando que la persona que ha sido salva no se detiene en su salvación. El creyente no se aísla de todos y cesa de funcionar como un ser humano normal después que recibe la vida eterna. El creyente entra al reino de Dios para salir a vivir una vida pública en santidad en medio de un mundo pecaminoso y adversario.

Los hijos de Dios no son de este mundo pero viven en él. Los hijos de Dios están para ser testimonio de Cristo, para mostrar una evidencia visible de que somos más que vencedores.

Hay un secreto con los que entran y salen. El secreto está en que cuando entran encuentran pastos delicados en la presencia de Dios. En la relación íntima con Dios, los que entran se alimentan y se fortalecen para luego salir y enfrentar la vida. Esta es la primera gran conquista de los hijos de Dios, los herederos de la promesa.

El pueblo de Israel pensaba que Dios tenía «una herencia de tierra para ellos». Pero Dios tenía algo superior para sus hijos. El Padre tenía un «descanso». Israel no creyó porque no conoció al Dios al que servía de cerca, de corazón a corazón, por eso fueron gente bajo la bendición de Dios, pero fuera del reposo de Él.

Esta palabra es para nosotros.

Veamos Hebreos 4.9-10:

«Por tanto, queda un reposo para el pueblo de Dios. Porque el que ha entrado en su reposo, también ha reposado de sus obras, como Dios de las suyas».

PARA LOS ISRAELITAS EL REPOSO FUE LA TIERRA PROMETIDA, PARA NOSOTROS ES CRISTO

El pueblo de Israel caminó por cuarenta años con su mente en el pasado, en las heridas de los cuatrocientos años de esclavitud y abuso a manos de los egipcios. Se quejaron, murmuraron y no creyeron que Dios les podía dar descanso de sus obras. No creyeron que Dios iba delante de ellos preparando un lugar de reposo. Ahora, esta es la invitación que Dios le extiende a usted. ¡Porque hay un descanso! Hay un reposo que Dios quiere darle. El secreto no está en algo que usted puede o debe hacer. El secreto está en algo que usted debe recibir.

El escritor de la Epístola a los Hebreos termina la invitación al reposo de Dios con estas palabras:

«Por tanto, teniendo un gran sumo sacerdote que traspasó los cielos, Jesús el Hijo de Dios, retengamos nuestra profesión. Porque no tenemos un sumo sacerdote que no pueda compadecerse de nuestras debilidades, sino uno que fue tentado en todo según nuestra semejanza, pero sin pecado. Acerquémonos, pues, confiadamente al trono de la gracia, para alcanzar misericordia y hallar gracia para el oportuno socorro» (Hebreos 4.14-16).

Esta es la conquista que Dios tiene para usted, reposo de sus preocupaciones, de sus cargas delante del trono de la gracia.

En el trono de la gracia, en la presencia de Dios usted:

- Recibirá favores, regalos inmerecidos que llenarán su corazón de satisfacción y paz.

- Alcanzará misericordia del Padre celestial por lo que ha hecho, por lo que haga y hará.

- Recibirá el socorro en el momento justo, en el día oportuno.

- Encontrará a un Padre celestial bueno, dispuesto a amarlo y a darse a conocer.

- Encontrará al Hijo, Jesucristo, intercediendo a su favor, compadeciéndose de sus debilidades y capacitándolo para vencer.

- Oirá hablar al Padre amoroso.

- Verá al Hijo sentado en majestad, victorioso y triunfante reinando sobre todo; cuidando de su vida que está esculpida en sus manos.

Esta es la primera conquista de los hijos de Dios: Una relación íntima delante del trono de la gracia, descansando en su presencia.

De esta manera podemos entrar, alimentarnos con pastos delicados delante de su trono y después salir, para vivir delante de todo el mundo una vida de gozo y paz.

Aquellos que están reposando en esta conquista, viven seguros. No estoy diciendo que vivan vidas sin problemas, sin conflictos. Estoy diciendo que aquellos conquistadores que han recibido la sanidad de las heridas del pasado, están disfrutando una relación de reposo, confiando en que el Padre cuidará de ellos.

Aquellos que tienen esa relación con el Padre, tienen fe porque oyen las palabras del Padre y contemplan diariamente la grandeza y el poderío de su trono. Saben que nada ni nadie, ni dificultades, ni tentaciones, ni pruebas ni hasta la misma muerte, nada, los separará del amor de Dios.

No escuche las palabras de su corazón. ¡Su corazón es engañador! ¡Su mente lo convencerá que para ser aceptado por Dios, para tener una relación íntima con su Padre, debe comportarse de cierta manera, debe esforzarse para merecer el amor de Dios!

Pero sí, escuche las palabras que el Padre le está hablando. Acérquese porque en su presencia encontrará mucho más que una bendición, mucho más que un milagro. En su presencia usted conquistará la intimidad, conocerá su corazón y experimentará lo que no se puede describir con palabras…«SER UNO CON ÉL».

Veamos Efesios 3.14-21:

«Por esta causa doblo mis rodillas ante el Padre de nuestro Señor Jesucristo, de quien toma nombre toda familia en los cielos y en la tierra, para que os dé, conforme a las riquezas de su gloria, el ser fortalecidos con poder en el hombre interior por su Espíritu; para que habite Cristo por la fe en vuestros corazones, a fin de que, arraigados y cimentados en amor, seáis plenamente capaces de comprender con todos los santos cuál sea la anchura, la longitud, la profundidad y la altura, y de conocer el amor de Cristo, que excede todo conocimiento, para que seáis llenos de toda la plenitud de Dios. Y a Aquel que es poderoso para hacer todas las cosas mucho más abundantemente de lo que pedimos o entendemos, según el poder que actúa en nosotros, a él sea la gloria en la iglesia en Cristo Jesús por todas las edades, por los siglos de los siglos. Amén».

Esta es la meta final de Pablo. Esta es la conquista que logró. Llegó a conocer el amor de Cristo, a ser lleno de toda la plenitud de Dios. Pablo llegó a ser fortalecido con poder por el Espíritu, a confesar que Cristo habitaba firmemente en su corazón. Razón por la que pudo soportar las pruebas más grandes, enfrentar la muerte con gozo. El

apóstol Pablo nunca se comportó como una víctima, como un prisionero de los hombres. Porque era prisionero de Cristo, unido a su Señor,
a su amor y a sus propósitos.

Se preguntará seguramente: ¿Cómo se logrará esto en su vida? Simplemente, usted no lo hará. El Padre lo hará. Él es poderoso para hacer
todas esas cosas en nuestras vidas. ¿Cómo lo logró Pablo? ¡Dobló sus
rodillas! Glorificó a Cristo, confesando y creyendo que el Padre es el
que hace todo en nuestras vidas, mucho más allá de lo que entendemos
y pedimos. Él glorificó y exaltó a Dios porque sabía que todas sus necesidades y cada una de sus pruebas estaban en las manos de Aquel que
lo puede todo, el Todopoderoso.

Antes de comenzar a escribir este libro, dediqué dos semanas de
ayuno y oración para buscar una palabra de dirección clara para mi vida
y para cada lector de esta publicación. El Espíritu Santo me llevó a un
pasaje en el libro de Miqueas. Terminaré compartiendo lo que recibí
de parte de Dios en mis momentos de intimidad ante su presencia.

Miqueas 2.12-13:

> «De cierto te juntaré todo, oh Jacob; recogeré ciertamente
> el resto de Israel; lo reuniré como ovejas de Bosra, como
> rebaño en medio de su aprisco; harán estruendo por la
> multitud de hombres. Subirá el que abre caminos delante
> de ellos; abrirán camino y pasarán la puerta, y ellos, y a la
> cabeza de ellos Jehová».

Esta palabra profética es para cada lector que desea madurar en su
relación con Dios. Es una palabra de ánimo para todos aquellos que
desean ir más allá de la sanidad de sus heridas para conquistar el corazón de Dios y tener una relación con Él sin velos, sin obstáculos.

En este pasaje, el Espíritu Santo abrió mi entendimiento para que
yo comprendiera y viera lo que el Padre está haciendo, Él está recogien-
do y reuniendo a los suyos. El mismo Padre los está reuniendo porque
desea llevarlos a la conquista, a un lugar «al otro lado de la puerta» donde se encontrarán con Él. Estoy seguro de que usted desea pasar por la
puerta, entrar a la conquista de la relación de los hijos maduros con el

Padre. ¡Pero aquí nos detenemos! ¡Es aquí donde nos quedamos estancados… en la puerta, sin atravesarla! El Padre nos ha estado reuniendo como a ovejas, sanando nuestros corazones, alimentándonos y fortaleciéndonos. ¡Pero aun así, no hemos pasado al otro lado!

LA PUERTA ES COMO EL JORDÁN, DEBEMOS ATRAVESARLO PARA POSEER LAS PROMESAS

En esos días el Espíritu Santo alumbró las siguientes palabras del texto: «*El que abre caminos delante de ellos*». El que abre caminos es el Rey, es Jesús. Y la palabra *abre* en este pasaje significa «romper, irrumpir». Es decir, «Él abre caminos donde no los hay, quebrantando todo lo que obstaculiza».

Usted ha adquirido este libro porque hay un deseo en su corazón de conquistar, de crecer en el conocimiento de Dios. Esta es la obra del Espíritu Santo: Está reuniendo a todos aquellos que desean cruzar la puerta. ¡Pero hay inconvenientes en la puerta!

En las páginas anteriores, traté de aclarar que las heridas del pasado, las memorias, las experiencias dolorosas son barreras a la conquista de la intimidad con nuestro Padre. Es ahí donde muchos se detienen, esperando sanidad, soluciones a sus conflictos. Pero en ese lugar de espera, ¡Jesús está dispuesto a romper, a quebrantar, todo aquello que le detiene!

El Señor Jesús es quien abre caminos en su vida. Él quebrantará toda barrera para que tenga una relación de intimidad con su Padre, repose en sus promesas y contemple cómo Él hace su voluntad en el cielo y después en su vida.

¡El Rey Jesús es el Quebrantador! La promesa es que «El que quebranta» cruzará la puerta, es decir, nosotros cruzaremos con Él y Jehová ira delante de todos como cabeza. ¡Porque Él nos llevará a la conquista!

El primer enemigo es el temor. ¡En la puerta de tu conquista hay enemigos!

Este es el lugar que separa a los que son más que vencedores de los que se conforman con algunas bendiciones. Los vencedores enfrentan al temor, a las voces que hablan derrota, que no creceremos, que no prosperaremos. La voz del temor nos dice que el Padre está con nosotros disgustado, que somos indignos, que nos castigará por ser débiles. ¡El espíritu de temor intentará alejarnos de la puerta!

El segundo enemigo en la puerta es la voz de la muerte. Es un sentir que le roba las fuerzas, la vida, el aliento y el valor.

El tercer enemigo en la puerta es una necesidad personal. A muchos he visto que al acercarse a Dios, están totalmente obsesionados con un problema familiar, una necesidad financiera, un ataque satánico, etc. En la puerta, donde el Rey quiere romper toda barrera, muchas veces no podemos entrar a una relación de reposo e intimidad porque nuestra necesidad está siempre entre nuestro rostro y el rostro de Dios. Esa necesidad personal lo mantendrá en la puerta, esperando un milagro de Dios. Cuando, la realidad es que el Rey quiere llevarlo al otro lado de la puerta donde sus necesidades personales serán suplidas.

¿Qué debemos hacer en la puerta?

Al enfrentarnos al temor, tengamos fe en «El que quebranta». Cuando nos enfrentemos al espíritu de muerte que nos roba el aliento, creamos en las palabras que salen del aliento de «aquel que quebranta» todo obra del enemigo.

Veamos Job 37.2-5:

«Oíd atentamente el estrépito de su voz, y el sonido que sale de su boca. Debajo de todos los cielos lo dirige, y su luz hasta los fines de la tierra. Después de ella brama el sonido, truena él con voz majestuosa; y aunque sea oída su voz, no los detiene. Truena Dios maravillosamente con su voz; Él hace grandes cosas, que nosotros no entendemos».

¡Nada se puede comparar con Dios! Su poder y su presencia manifiestan la grandeza de un Dios con voz que truena, que ruge como el majestuoso «León de la tribu Judá». ¡Las puertas de sus enemigos no prevalecerán! Porque el Rey Jesús, el Quebrantador, romperá toda oposición de temor y de muerte. ¡Y usted cruzará al otro lado!

En la puerta, tengamos perseverancia, mantengamos esta confesión: ¡Él quebrantará! ¡Él hará grandes cosas! ¡No las entenderemos pero ÉL LO HARÁ!

En la puerta, seamos sumisos y obedientes. El Espíritu Santo nos pedirá todo lo que nos impida atravesar por el umbral de esa puerta. Él, seguramente, le pedirá que someta todo el control de su vida en las manos de aquel que se llama «EL QUE QUEBRANTA».

Ese lugar en la puerta es muy estrecho. Es un lugar muy apretado. Si usted está atravesando por situaciones adversas, no oiga la voz del temor, la voz de la muerte. ¡Oiga la voz del «Quebrantador». El Rey Jesús está allí, en su puerta, listo para quebrantar todo obstáculo que le detiene en su conquista.

Para terminar, el Espíritu Santo me llevó a buscar en el Antiguo Testamento todas las citas donde encontramos la palabra «romper, irrumpir, quebrantar». Después de varios días de estudio, de intimidad con el Padre, recibí ocho palabras proféticas que romperán el temor y la incredulidad en sus corazones. Hay ocho caminos que serán abiertos en la Iglesia de Cristo en los próximos días. Aprópiese de ellos, según el Espíritu Santo le dé testimonio.

1. REVELACIÓN

> «El joven Samuel ministraba a Jehová en presencia de Elí;
> y la palabra de Jehová escaseaba en aquellos días; no había
> visión con frecuencia [**con rompimiento**]» (1 Samuel 3.1).

En los días de Samuel, el niño profeta, la palabra profética escaseaba y no había visión que «quebrantara, ni irrumpiera». Seguramente, no habrían corazones dispuestos no sólo a escuchar en la intimidad a Dios, sino además a someterse a sus palabras para obedecerlas.

¡El quebrantador lo llevará a una comunión íntima con el Padre en la que usted recibirá una visión que romperá toda imposibilidad, toda limitación! En su presencia, usted recibirá dirección, revelación de toda realidad natural y espiritual. Recibirá visión espiritual, se afinará su visión con respecto a los propósitos de Dios y le serán reveladas las artimañas del enemigo, de manera que pueda ser quebrantado en su vida todo aquello que usted ignoraba con el poder del que «quebranta».

Su vida tomará una dirección dirigida y proyectada a la madurez, a la conquista, a la paz, al reposo y a la efectividad en Cristo Jesús. Sus amigos verán el cambio, porque la revelación (el entendimiento de los secretos de Dios) afectarán su vida de manera que usted se atreva a creer cada día más, que en la comunión íntima con el Padre, usted recibe lo que siempre quiso ser y no podía lograr. ¡Un conquistador hambriento de la comunión íntima con Dios, en la que la revelación y la visión lo conviertan en un cristiano intrépido!

LA REVELACIÓN NOS MUESTRA EL CAMINO PARA DESTRUIR CON GOLPE CERTERO AL ENEMIGO

¡La revelación le proveyó visión para quebrantar al espíritu de temor, recibió la palabra de fe que lo liberó para esperar en el reposo de Dios!

2. EXPANSIÓN

Isaías 54.3:

«Porque te extenderás [**romperás**] a la mano derecha y a la mano izquierda; y tu descendencia heredará naciones, y habitará las ciudades asoladas».

Esta es una promesa de expansión para heredar ciudades asoladas. Un lugar asolado es «un territorio destruido por el enemigo». El Quebrantador lo llevará a tomar posesión de lugares, experiencias y situaciones en las que Satanás lo destruyó, lo despojó y lo humilló. El lugar de su peor derrota, quebranto e impotencia ¡será el lugar de su más poderoso testimonio.

3. VICTORIA FINANCIERA

Génesis 30.29-30:

«Y él respondió: Tú sabes cómo te he servido, y cómo ha estado tu ganado conmigo. Porque poco tenías antes de mi venida, y ha crecido en gran número, y Jehová te ha bendecido con mi llegada; y ahora, ¿cuándo trabajaré también por mi propia casa?»

Jacob trabajó para su suegro Labán por catorce años. Cuando comenzó a trabajar allí, Labán era pobre. Pero desde que Jacob, el bendecido, llegó a la casa de su suegro, el ganado «creció», rompió todos los límites de prosperidad. Por eso, Jacob se despidió de ese tiempo de productividad para otros porque sabía que Dios le había mostrado que lo prosperaría a él con una explosión de riquezas.

El Quebrantador llevará a muchos hijos de Dios que han prosperado a sus compañías, a ser prosperados abundantemente. No se sorprenda si lo despiden de su trabajo, el Quebrantador lo llevará a ser próspero en su propia casa, usando sus propios talentos para la bendición de su familia.

4. EXPANSIÓN GEOGRÁFICA

Génesis 28.14:

«Será tu descendencia como el polvo de la tierra, y te extenderás [irrumpirás] al occidente, al oriente, al norte y al sur; y todas las familias de la tierra serán benditas en ti y en tu simiente».

El Quebrantador romperá límites de espacio, propiedades, alcance y recursos. Él le mostrará que aunque usted esté en espacios limitados, en lugares desconocidos, el tesoro espiritual que Él depositará en su corazón llegará hasta tierras lejanas. El Quebrantador se glorificará cuando su testimonio llegue a oírse en otras naciones, en otros idiomas. Esto no lo hace usted, ni su propia fuerza ni con sus talentos. Esto lo hará EL QUEBRANTADOR, que abre caminos.

5. COSECHA

Éxodo 1.12:

> «Pero cuanto más los oprimían, tanto más se multiplicaban y crecían [irrumpían] de manera que los egipcios temían a los hijos de Israel».

Los egipcios esclavizaron y maltrataron a los israelitas por más de cuatrocientos años. El libro de Éxodo cuenta que el faraón de Egipto puso a parteras para que matasen a todo varón judío que naciera. Este plan satánico no tuvo éxito porque las mujeres hebreas daban a luz antes que las parteras llegaran, además estas mismas mujeres enviadas a matar, preservaron las vidas de los bebés hebreos porque temían más a Dios que a los hombres. Dios multiplicó con crecimiento explosivo al pueblo de Israel a pesar de que eran esclavos en la tierra de Egipto.

El Quebrantador dará multiplicación de frutos, especialmente a la cosecha de almas salvadas, comenzando por su casa. Aunque Satanás haya hecho planes para que las naciones no oigan el evangelio, viene una cosecha de almas nunca antes vista.

El Quebrantador comenzará en su familia, en su círculo de amistades y después por donde el Evangelio será predicado. Será un crecimiento explosivo.

El Quebrantador producirá a través de cada hijo e hija de Dios la capacidad para dar a luz toda palabra engendrada en nuestro espíritu de manera que más allá de las aflicciones, como a los israelitas, seremos envestidos por el poder de la Palabra para ser preservados de todo mal y afilados como instrumentos para destruir al enemigo.

6. TRIUNFO SOBRE PRINCIPADOS

2 Samuel 5.20-21:

«Y vino David a Baal-perazim [**el Señor que irrumpe**], y allí los venció David, y dijo: Quebrantó [**rompió**] Jehová a mis enemigos delante de mí, como corriente impetuosa. Por esto llamó el nombre de aquel lugar Baal-perazim. Y dejaron allí sus ídolos, y David y sus hombres los quemaron».

David se enfrentó a los filisteos en el valle de Refaim, el valle de los gigantes. En ese lugar, Dios entregó a los filisteos en las manos de David. Fue en el valle de los gigantes donde Dios le otorgó una victoria contundente, de tal manera que David llamó a aquel lugar «El Señor del rompimiento», «el Señor que abre y quebranta» «el Señor que irrumpe».

En ese lugar, el Quebrantador avergonzó a todos los dioses de los filisteos, y David y su ejército al encontrar las imágenes de los dioses, las quemaron.

El Quebrantador se ha levantado en su vida, en su familia, en su ciudad y su nación para derrotar a todos los dioses que ilegítimamente se han entronizado sobre nuestros territorios. Él nos dará el triunfo sobre todo gobierno satánico. Él se manifestará y nos dará la fortaleza para destruir todo trono impostor, todo ídolo o altar que haya sido levantado encubiertamente.

El quebrantador recibirá la alabanza y adoración que se merece y todo falso dios será consumido.

7. ABUNDANCIA

Proverbios 3.9-10:

«Honra a Jehová con tus bienes, y con las primicias de todos tus frutos; y serán llenos tus graneros con abundancia, y tus lagares rebosarán [**irrumpirán**] de mosto».

Afirmativamente, la abundancia de recursos económicos acontece a los que honran al Señor con todos sus bienes y con lo mejor de sus finanzas. El Quebrantador nos dará tanta abundancia que nuestros depósitos irrumpirán con bienes. Estas promesas no son para los que «dan» de sus bienes. Sino para aquellos que honran a Dios con excelencia, con respeto y amor al Señor. Esta promesa es para aquellos que dan sin la expectativa de algún beneficio. Lo hacen por su amor y devoción al Señor de sus vidas.

El quebrantador primeramente reunirá a todos los hijos maduros que están desarrollando una relación íntima con el Padre. Él nos recogerá y nos guiará como a ovejas en el aprisco, a un lugar de pastos frescos y delicados. Hoy, en miles de iglesias alrededor del mundo, el Espíritu Santo está hablando palabras de ánimo y de fe. Cuándo la situación empeora en las naciones, cuando se oye más acerca de rumores de guerra, estamos oyendo paralelamente, mensajes de fe y esperanza. Dios ha estado hablando acerca de la sanidad de nuestros corazones porque ha estado sanando nuestras heridas.

Personalmente he visto a miles y miles de hombres y mujeres ser sanados en la presencia de Jesús. Pero ahora viene otro llamado… ¡A la conquista! ¡Hay más! El Padre celestial está esperando que finalmente dejemos nuestras necesidades, nuestras cargas a un lado y que nos detengamos para oírlo a Él, para contemplarlo sólo a Él.

Hay una relación íntima con el Padre que cambiará su vida, transformará a todo aquel que contemple la gloria de su presencia.

LA RELACIÓN ÍNTIMA CON EL PADRE SIEMPRE NOS INFLUENCIARÁ PARA CRUZAR PUERTAS Y CONQUISTAR PROMESAS

La primera conquista es **lograr una relación íntima, sincera y genuina con el Padre**.

Una relación en la que Él nos hable y nosotros le respondamos:

Él nos reciba y nosotros nos acerquemos.

Él se deleite y nosotros nos gocemos.

Él nos revele y nosotros aprendamos.

Él nos enseñe y nosotros obedezcamos.

Él nos instruya y nosotros ejecutemos.

La segunda conquista es **el gozo y la paz que se producirá en su vida cuando usted vea los frutos y resultados que se produce en la relación íntima con el Padre.**

Ya no correrá para que alguien le ore. Ya no dependerá de que otros lo oigan y lo entiendan. Porque ahora usted tiene la certeza de que su Padre sabe todo y que el quebrantador se levantará para abrir caminos en su tiempo. Usted ahora sabe que debe permanecer en la puerta con gran expectativa acerca del rompimiento de todo obstáculo que lo detiene en los propósitos de Dios para su vida.

La tercera conquista es **el testimonio público que se proyectará en su vida debido a su relación íntima con Dios, con el gozo y la paz reflejándose en su rostro.**

Su familia y sus amigos verán un testimonio real de la paz y el gozo del Señor en su vida, como una verdadera evidencia de que es ¡un conquistador!

2 Corintios 3.18:

> «Por tanto, nosotros todos, mirando a cara descubierta como en un espejo la gloria del Señor, somos transformados de gloria en gloria en la misma imagen, como por el Espíritu del Señor».

A los hijos e hijas del Nuevo Pacto nada les obstruye la visión de Cristo. A medida que contemplamos la gloria de Dios acercándonos a cara descubierta, somos transformados progresivamente. Sin el velo podemos ser como «un espejo» que refleja la gloria de Dios.

La paz y el gozo resplandecerán en su corazón de tal manera que usted será una señal, una evidencia visible para que muchos hombres y mujeres vengan al conocimiento de la gloria de Dios.

¿Se les aparecerá Jesús a sus familiares y a sus amigos de la misma manera que se le apareció a Pablo? ¿Tendrá su familia una aparición visible de Jesucristo, rodeado de luz con todos sus ángeles? Es muy probable que no. Pero sí, le puedo asegurar que los que no conocen a Jesús verán la gloria de Él a través de su rostro. Porque usted será el instrumento que el Espíritu Santo usará para que Jesús se manifieste en gloria y luz.

Él lo hará a través de los hijos e hijas de Dios. Son quienes han recibido la sanidad de las heridas del pasado, los que están oyendo y contemplando diariamente al Padre.

- A través de estos conquistadores, EL QUEBRANTADOR destruirá los obstáculos de la incredulidad y multitudes vendrán a los pies de Cristo.

- A través de estos conquistadores, EL QUEBRANTADOR destruirá los obstáculos de las enfermedades y la opresión, y multitudes serán sanadas y liberadas en el nombre de Jesús.

- A través de estos conquistadores, EL QUEBRANTADOR destruirá los obstáculos de la pobreza y las riquezas abundarán en sus casas.

- A través de estos conquistadores, EL QUEBRANTADOR destruirá todo ídolo religioso y la revelación de las profundidades del amor y la gracia de Dios fluirá en los corazones de los pueblos.

- A través de estos conquistadores, EL QUEBRANTADOR destruirá el poder de los principados y gobernadores de este siglo porque una nueva generación de hijas e hijos maduros tomará posesión de la ciencia y de la tecnología, de los deportes, de las artes, de la política y de los medios de comunicación, de las escuelas y universidades.

¡TODO ES NUESTRO! Esta es nuestra final conquista: TODO. Por último, veamos 1 Corintios 3.21-23:

«Así que, ninguno se gloríe en los hombres; porque todo es vuestro: sea Pablo, sea Apolos, sea Cefas, sea el mundo, sea la vida, sea la muerte, sea lo presente, sea lo por venir, todo es vuestro, y vosotros de Cristo, y Cristo de Dios».

Todo es nuestro.

Como Cristo es *todo* del Padre,
usted es *todo* para Cristo.

Como el Padre es *todo* para Cristo,
Cristo es *todo* para usted.

Como el Padre es *todo* para el Hijo
y el Hijo es *todo* para el Padre,

El Hijo es *todo* para usted y usted es *todo* para el Hijo.

La conquista es suya. Cristo es suyo. El Padre es suyo.
El Espíritu Santo es suyo.

TODO ES SUYO.